U0543923

司马辽太郎

中国游记
福建纪行

[日] 司马辽太郎 著
王玥 马泽远 译

陕西新华出版传媒集团
陕西人民出版社

图书在版编目（CIP）数据

司马辽太郎中国游记. 福建纪行 / （日）司马辽太郎著；王玥，马泽远译. —西安：陕西人民出版社，2022.8
ISBN 978-7-224-13903-7

Ⅰ.①司… Ⅱ.①司… ②王… ③马… Ⅲ.①游记—福建 Ⅳ.①K92

中国版本图书馆 CIP 数据核字（2021）第 001291 号

著作权合同登记号　　图字：25-2020-204

KAIDO WO YUKU SHINSOUBAN 25 TYUUGOKUBIN NO MICHI
Copyright ©2009 Yōkō Uemura, All rights reserved.
Original Japanese edition Published by Asahi Shimbun Publications Inc., Tokyo.
Chinese translation rights in simplified characters arranged with
Asahi Shimbun Publications Inc., Tokyo.
through YIYUAN HEJUAN Agency, Inc., Peking

出 品 人：赵小峰
总 策 划：刘景巍
出版统筹：杨舒雯
策划编辑：王颖华
责任编辑：王颖华
整体设计：白明娟

司马辽太郎中国游记·福建纪行

作　　者	[日]司马辽太郎
译　　者	王玥　马泽远
出版发行	陕西新华出版传媒集团　陕西人民出版社
	（西安市北大街 147 号　邮编：710003）
印　　刷	陕西龙山海天艺术印务有限公司
开　　本	880 毫米×1230 毫米　1/32
印　　张	6.5
字　　数	138.736 千字
版　　次	2022 年 8 月第 1 版
印　　次	2022 年 8 月第 1 次印刷
书　　号	ISBN 978-7-224-13903-7
定　　价	59.00 元

如有印装质量问题，请与本社联系调换。电话：029-87205094

目 录

1 文明交流的诗意
/ 001

2 俱 乐 部
/ 011

3 刻在山上的梯田
/ 021

4 福州的桥
/ 030

5 独 木 舟
/ 041

6 翻山越岭
/ 050

7 火耕的民族
/ 062

司马辽太郎中国游记

福建纪行

8 对对山歌
/ 073

9 过雷峰
/ 083

10 从年糕到铁
/ 093

11 天目茶碗
/ 103

12 土匪与械斗
/ 116

13 华侨的乡野和城镇
/ 126

14 异教徒
/ 134

15 话说《西游记》
/ 143

16 陶瓷片和指南针
/ 152

17 泉州出土的海船
/ 160

18 船锚漫谈
/ 169

19 七百年前的山中先生
/ 178

20 梦之厦门
/ 186

21 厦门两天
/ 195

1 文明交流的诗意

福建省，在中国可以说是偏远的省份。长期以来这个地方被叫作"闽"。虽然不清楚"闽"是什么意思，但是从古代华北和华中等文明发达地区的名字来看，这个称谓总带有点偏僻的异域风情。在孔子生活的年代（前551—前479），那儿还没被纳入中华，成书于后汉时期的字典《说文解字》中，"闽"被叫作 "东南越"，也就是被当作"百越"之一。 古代中南半岛各民族居住在从长江流域到中南半岛这片区域，而福建可能是其中一支所生活的区域吧。

大约三世纪以后，逐渐有汉人移居这里，福建开始了"内地化"的进程。虽然在历史上福建不属于中华文明的核心区域，但它的水稻种植面积大，还拥有具备众多优良港湾的海岸线，可以说是一个"右脚浸在水田里，左脚浸在海水里"的地方。因此唐宋之后，福建成为受"西方"文化冲击之地。

我先暂时放下对福建的介绍，说一下关于东西方文明交流的事。

司马辽太郎中国游记

福建纪行

前文所说的"西",指的是从西亚到欧洲的文明。众所周知,在七世纪,代表"东"的是大唐长安的文明,东西方之间主要以丝绸为媒介相互交流,交流中枢就是西域各国(塔克拉玛干沙漠周边的绿洲国家群)。

交流的舞台非常好。舞台的背景是宽广无垠的流动沙漠,绿洲里有葡萄田,远处的骆驼缓缓移动。西边来的人瞳色和发色都和东边的人不同,与他们的交流激发了长安诗人的创作灵感。从某个方面来说,《唐诗选》①是东西方交流时期异国情趣的产物。

"日本人真是奇怪啊,为什么会喜欢丝绸之路呢?"

1972年我第一次去中国的新疆维吾尔自治区,那个自《汉书》以来一直被叫作"西域"的地方。就是在那时,我被中国人问过这个问题。我没能做出令他满意的回答,反倒问他:"对于中国人来说,丝绸之路是什么样子的呢?"

实际上,北京的同事们问我说:"你要去新疆吗?那真是不容易啊。"那个时候和我同行的人中,中岛健藏②为最年长者,此外还有井上靖③、宫川寅雄④、东山魁夷⑤、团伊玖磨⑥这些成员,在他们的心中西域是鲜活的。中方年轻的同行者们一定对日本人这种诗一

---

① 《唐诗选》:明代著名文学家李攀龙所编,对明清两代影响很大,成为当时的学塾启蒙读本。另:本书脚注皆为译者和编者所注,文中括号内所注内容皆为作者加注。
② 中岛健藏:日本文艺评论家,法国文学研究专家,战后进步知识分子,对反战和平运动和中日文化交流做出杰出贡献。
③ 井上靖:日本小说家,代表作有以中国西域地区为题材的历史小说《楼兰》《敦煌》等。
④ 宫川寅雄:日本美术史学家,积极从事中日文化交流活动,1979年担任中日文化交流协会理事长。
⑤ 东山魁夷:日本画家,被认为是代表昭和时代的日本画家。
⑥ 团伊玖磨:日本作曲家,被认为是代表日本的古典音乐作曲家之一。

般的好奇心感到不可思议吧。

在那之后，NHK（日本放送协会）去西域当地采访，制作播出了叫《シルクロード①》的电视节目，收视率很高。因为这个电视节目是和中国合作拍摄制作的，当然在中国也播出了，中方给它起名《丝绸之路》。中文中"丝绸之路"这个词语大概就是那个时候被创造出来的吧。

很早之前日本就把古代中国的西域称为"シルクロード"。这个单词得以家喻户晓也许是出于一种日本人独特的浪漫主义吧。

众所周知，这个单词是十九世纪到中国进行地理调查的德国地理学家李希霍芬（1833—1905）所创造，并在自己的著作中使用。

但有趣的是，一个德国学者创造出的单词只有日本对其极其敏感，并作为日式英语广为流传。日本的日语词典里自然收录了这个单词。

但是在英国和美国出版的词典里却没有收录这个词。也就是说，我们可以认为这个单词在英文世界中是没有"公民权"的。当然在silk road的时代，英语只不过是地球上一小部分地区使用的语言罢了。但从这点对比来看，不得不说其背后蕴藏着日本人的喜好。虽然可能有点啰唆了，但我们日本人希望饱含诗意地感受东西方文明交流史的这份情感十分强烈。也许是为了和这样的"情绪"相符，似乎用外语来表记名字更好。

关于这种"情绪"，我想再试着深入思考一下。

---

① 日语中的"丝绸之路"为英语"silk road"的日语片假名表记。

福建纪行

　　正如大家所熟知的一般，在奈良时期到平安初期（公元七世纪至九世纪），日本一直派遣遣唐使去吸收、借鉴唐朝的文明。

　　到了九世纪末，日本不再以国家的名义派遣遣唐使。从那以后，日本在文化方面锁国的同时，创造出了日本特有的文化——平安文化[1]。但另一方面，有关唐朝的记忆作为一种文化仍然在日本留下了浓墨重彩的一笔。

　　再换句话说，在中国本土，唐以后历史仍然在延续（这再自然不过了），政治和社会的剧烈变化不断发生，导致那遥远的盛唐文化记忆逐渐被淡忘。而在海的东方——日本，关于唐朝的记忆像是被冰封了一般留存下来。唐朝倾覆之后，日本人仍把中国称为"唐"，把中国人叫作"唐人"。诗歌也以唐诗为基础，在平安时期有很多文化人孜孜不倦地继续研读唐诗。可以说日本人也是唐文化的"传人"吧。从小的方面来说，这种对于唐诗中西域的、异国的兴趣，也留在了日本。

　　还有一点就是十九世纪末（日本的明治末年）正是中亚探险英雄兴起的时代，这也燃起了日本人对东西方交流史的热情。瑞典人赫定、英国人斯坦因、俄罗斯人普尔热瓦尔斯基、日本的大谷探险队等相继进入中亚的沙漠，发掘被黄沙掩埋的人类遗产。

　　与此同时，在欧洲（特别是法国）掀起了一股"中亚学"的热潮，这也极大地刺激了日本的东洋史学界，他们将注意力从自古以来日本人十分熟悉的汉字文化圈转向了非汉字文化圈。从大正时期开始，

---

[1] 平安文化：指的是 10 世纪初到 11 世纪的日本文化。为了和受中国文化影响深远的奈良文化相对比，故也叫作"国风文化"，流传到现在的很多日本文化都汲取了平安文化的精华。

优秀的文献学家们虽然没到过西域，却主动发表了学术著作。这可以说是从二十世纪前期到中期的一大壮观景象了。

和这个热潮同时（明治末年到大正时期）发生的还有那个时期诗坛上南蛮风情的兴起。日本战国时期葡萄牙人和西班牙人来过日本的这段历史仿佛穿过彩画玻璃的阳光，照亮日本这座昏暗的废弃教堂，刺激了北原白秋①和木下杢太郎②们。这件事我在《岛原天草街道漫步》中也有提到过。可以说，日本的传统感受到了东西方交流中的戏剧性变化，在白秋和杢太郎身上转化成对南蛮③的憧憬并展现了出来。

在欧亚大陆的西边，拥有高加索人种脸庞的人创造出了古希腊和古罗马文明。而另一方面，生活在大陆的东边，包括中国人在内的长着黄种人脸庞的人创造并延续了中华文明。我不禁展开了童话般的想象——在那个遥远的年代，当这两种人第一次在沙漠的某个地方不期而遇的时候一定会震惊地问彼此："你，真的是同类吗？"

然后，当二者都相互意识到对方身上有值得赞美的文化的时候，也许那惊讶之情会变成尊敬之意吧。

但是七世纪的大唐，它的文明和西方文明相比宏大却不失细腻，整体上也更加优秀。因此西方单方面地从东方拿走丝绸和纸这样重要的东西，而东方对于西方文明则不是很感兴趣。

六七世纪的日本因为地理上距离文化中心较远，文化落后，无

---

① 北原白秋：日本诗人，童谣作家，和歌诗人，被认为是代表近代日本的诗人。
② 木下杢太郎：日本诗人，剧作家，翻译家。
③ 南蛮：室町时代末期到江户时代，日本对东南亚诸国及经东南亚而来的葡萄牙人、西班牙人等的称谓。

福建纪行

法作为东西方文化交流这幕剧的演员登场，只能通过诗歌、汉文或是诸如正仓院里的皇室藏品这样的文物来接触西方文化。不过换个角度考虑，正因为日本坐在这幕剧的观众席上，观众的兴奋之情反而变成了饱含诗意的注视。这是否能够解释为日本人对西方异域文化过度敏感、对东西文明交流一直保持极大关注的这一文化传统的缘由呢？

而在西方，更多人是通过马可·波罗的《东方见闻录》[1]这一具体的文献对东西方交流史产生兴趣的。

"在侨居东京的外国人中间，有个马可·波罗协会。"

这是一个叫史蒂文·多洛克的匈牙利人告诉我的。虽然在那之后他生了场大病，变得世故起来，但是二十多年前他来日本的时候还是个青年，一双明亮清澈的眼睛炯炯有神。那个时候他被自己的祖国悬赏通缉了。1956年，苏联派出的坦克部队开进匈牙利。那时多洛克正在布达佩斯大学法律系学习，他逃亡到了国外，从此辗转各所大学靠着奖学金生活。他先是在巴黎大学读了法律，又去了美国的普林斯顿大学专攻理论物理学，在日本京都大学研究生院学习西田哲学[2]，在早稻田大学的研究生院研究政治学。

我问他："你打算这样生活下去吗？"

他回答："是啊。"做学问不是目的，他只是在等待时机回到

---

[1]《东方见闻录》：即《马可·波罗游记》。
[2] 西田哲学：被认为是能够代表日本的哲学家、京都学派创始人西田几多郎创造的哲学体系，以自己的参禅经验和近代哲学为基础，融合佛教思想和西方哲学，提出通过自觉到纯粹经验并实现自我发展，最后实现宗教的道德统一的"绝对矛盾的自我同一"。

祖国。接着他又爽朗地笑了，说："总有一天我会回国当总统的。"

我也禁不住大笑了起来，因为那个时候我正在写《龙马①来了》。我心想：坂本龙马大概也是如此阳光的男人吧。而且他的形象对于书写幕末时期的局势和塑造那个时期为国家大业奔走呐喊的活动家形象很有帮助。

在那之后，他结婚了，过上了普通人的生活。为了生活回到普林斯顿大学的高级研究所当了助理研究员。后来，他取得了美国绿卡，放弃了"荣归故里"的愿望，以美国人的身份回乡，和父母、妹妹们团聚。

再后来，他放弃了研究，去了壳牌石油公司。在他作为壳牌石油的工作人员暂驻东京的时候，说到了上文提到的"马可·波罗协会"的事情。

我试着问了一下："你知道'丝绸之路'这个词吗？"

他的词汇量惊人，是个连西田哲学中"绝对矛盾的自我同一"这种复杂单词也能清楚表达的男人，但是他却不知道"丝绸之路"。但他到底是个聪明人，推测出了这个词的意思，马上回答道："对于我们来说，首先想到的还是马可·波罗啊。"

接着他又说起了那个协会的事。那个协会好像是一个放张欧亚大陆的地图就可以滔滔不绝地讨论《东方见闻录》的地方。

他说："我想去刺桐②。"

但那时，只有被中国政府邀请的人才能去中国。而且中美关系

---

① 龙马：即坂本龙马，江户末期的志士，帮助萨摩藩和长州藩结盟，推动了倒幕运动和明治维新的成功。
② 刺桐：福建省泉州市的旧称。

福建纪行

尚未缓和，对于拥有美国国籍的他来说，去中国比登天还难吧。

他不停地说着"刺桐"这个地名。

我们一说到古代西域的地名——比如敦煌、于阗国、楼兰这些地名时，它们仿佛都在闪闪发光，对他来说亦是如此。Zayton、Zaitūn，就是现在的福建省泉州市。

马可·波罗在中国生活了十几年，他在中国的最后时期，去了泉州。大概是在 1292 年，他从泉州坐船（可能是中国帆船），三年后回到了自己的故乡威尼斯。

马可·波罗说，泉州是世界上最大的海港之一。而另一个，则是把地中海世界和阿拉伯世界联结在一起的亚历山大港。

> 这刺桐港，有百艘船入港，是其（注：和欧洲的商业港口相比）百倍。从贸易金额来看，说刺桐是世界最大的两大海港之一也不为过。（《东方见闻录》爱宕松男译、平凡社出版"东洋文库"系列丛书）

马可·波罗没有夸张。

当时，大部分活跃在刺桐港的商人（蕃商）和在亚历山大港进行活动的商人一样，都是伊斯兰商人。他们住在面向河口的蕃坊（外国人居住地），也有一定的自治权。

"伊斯兰"——这是个跨越民族界限的总称，在刺桐港，比起阿拉伯人好像伊朗人更多。

中国很早以前就和伊斯兰教徒有了接触。

伊斯兰教先知穆罕默德殁于 632 年。那时日本正处于飞鸟时代①，华丽时髦的大唐帝国正处于其鼎盛时期贞观年间。有看法认为，伊斯兰教早在唐太宗在世的时候就进入了大唐。如果真是如此的话，那就是在穆罕默德还在世的时候发生的事情了。此外，还有说法认为伊斯兰教是在唐高宗永徽二年（651）进入中国的。但无论怎么说，伊斯兰世界初期的活动能力是令人震惊的。从另一方面也可以说，在西方商人眼中，当时中国的文明和经济是如此的富有魅力，足以令他们赌上身家性命前往中国。

在唐代，东西方的文明交流几乎是在和平中发展，只有一次变成了战争。那就是唐朝的远征军和伊斯兰军队之间发生大规模兵团战的怛罗斯之战②（751）。

怛罗斯现在位于苏联境内（今哈萨克斯坦共和国）③。在这次交战中，唐朝的军队战败了，一无所获。但是伊斯兰方面获得了巨大的、在文明史上有深远影响的利益。那就是他们知道了"纸"的存在。因为被俘的中国人中有制纸工匠，造纸术得以迅速传到西方。

在那个时期，东方文明在很多方面都优于西方。

比如，就连来自欧洲发达地区威尼斯的马可·波罗，也不知道煤炭是什么。

---

① 飞鸟时代：狭义的飞鸟时代是指从6世纪后半叶到7世纪的100多年间，上承古坟时代，下启奈良时代。此时期以政治中心奈良县的飞鸟（即当时的藤原京）而得名，较为重大的事件有圣德太子改革、大化改新等。
② 怛罗斯之战：唐朝安西都护府的军队与阿拉伯帝国的穆斯林、中亚诸国联军在怛罗斯相遇而导致的战役。这是阿拉伯在与大唐的几次边境冲突中唯——次获胜的战役。此战对唐朝、阿拉伯双方的疆域几乎没有影响。战后，唐朝仍然控制西域，并且继续扩张。
③ 本书写于20世纪80年代，作者写作时，苏联尚未解体。

福建纪行

他在《东方见闻录》里这样写道:

> 契丹省全境之中,遍布着黑石,和其他石材一样采自山中,燃烧与薪无异。

这些"黑石"被广泛利用,浴场等地都在使用它。

马可·波罗的震惊来自对未知文明的发现,而这份震惊之情至今依然鲜活。像史蒂文·多洛克那样,只要感受力足够敏锐丰富,身处当代也可以感受到和马可·波罗一样的震惊。

当马可·波罗来到十三世纪的中国时,陆上丝绸之路的时代已经落幕了。

代替它的是伊斯兰航海者的时代。西方追求财富的人们开始蚁集在中国的东南沿海(福建、广东),活跃地开展着不同文明间的交流。

泉州(刺桐),就是这样一个有代表性的海港。

几年前有朋友邀请我,问:"去福建吗?"

和朋友谈到福建的时候,我不停地在想,十三世纪以来一直刺激着日本文化的不正是福建吗?我甚至想到了一个具有强有力间接性证据的推论,那就是:把目光从福建省扩展到更广阔的区域,古代给日本带去稻作农业的不正是生活在长江河口的吴越人和闽越人(生活在古代福建的中南半岛民族)吗?

2 俱乐部

1984年4月2日，周一。

上海。

尽管飞行距离有一千四百七十九公里，但樱花时节那淡云蔽空的天气还是从大阪延伸到了上海，两地上空云的颜色与透明度并无二致。大阪和上海阴晴冷暖同步，气候相似。

这次的旅行，我们并不打算参观上海的市容市貌。

因此我们提前预订了距上海市中心有一定距离但离机场较近的、新开的酒店。第二天再从机场出发，乘坐国内航班。我们要去的是福建省的福州。

在上海虹桥机场，老朋友们迎接了我们。坐上小型巴士，在车内畅叙旧情，不知不觉间就到了酒店。

酒店叫作"龙柏饭店"。

我问中方的人："龙柏是什么呀？"

福建纪行

他们回答道:"待会儿去饭店后院你就知道了。"

我们一行人中,第一次到上海的人继续乘坐着摇摇晃晃的小型巴士去更远的市中心逛逛,而只有我这样的懒人才留在酒店。

瞿麦问我:"去后院走走吗?"

瞿麦是多年的老朋友了,1975年的上海之行照应我们的就是他。他说起日语来就像呼吸一样自然。当时他突然把同行的水上勉[①]叫作"老勉"时,惊得"老勉"一瞬间屏住了呼吸。

最初和他见面的时候,只因一口流利的日语,他就给我留下了十分神秘的印象。我们没有问他诸如"你这样流利的日语是哪里学的呢?"这样和个人经历有关的问题。众所周知,日本在1945年之前是"帝国主义"时代。我的部分青年时期也在那个时代度过。想必瞿麦也和我们是同一个年代的人吧,我听到他把水上叫作"老勉",不禁感到了一种同龄人的共鸣。

但是,现在时代不一样了。

瞿麦本就性格爽朗,现在变得比之前更加开朗了。

酒店的后院是英式的别墅和庭院。这个"废弃的园子"可能是在上海租界时期,有个想置办一套大家业的英国人,试图把故国土地上贵族田园生活的那一套暂时放到上海郊外而造出来的吧。准确地说那不是个"废弃的园子",荒废的屋子里有工匠还在修复它,庭院里面也有人影,草坪也在一直翻新。

曾经被当作半殖民地历史屈辱象征的别墅现在被作为文物,并

[①] 水上勉:日本小说家,代表作有社会推理派小说《饥饿海峡》,还有根据自己修行体验写成的《雁之寺》等。

且作为酒店的一部分被再次使用,这可能是中国对于"近代史的屈辱"感情有所缓和的表现。

庭院很大,大到光是走也会令人疲倦。

庭院的主角,怎么看都是那高耸入云的大柏树。

柏树形成了一片树林,一根根树梢掠过云间,随之飘动。这些巨大的树木外形如同倒立着的恐龙,而它们的缩小版则出现在了凡·高的画里。这些树姿态奇妙,有着旋涡状的外形,高得直插云霄。在不知道柏树为何物的日本人眼里这就是凡·高画中树木的变形。

在看到柏树之后,我想起了画家三岸节子[1](1905—1999)。

1954年,四十九岁的她第一次去欧洲。回国的时候她说:"欧洲仿佛就是一个油画的世界。去荷兰的时候,凡·高画里的柏树,没有任何变形地分散在周围景色之中。"

她的海外见闻,让我震惊得张大嘴巴,听得津津有味。虽然那个时候日本还限制日本人带着外汇出国,但当时是出国热刚兴起的阶段。夸张点说,那也可以算是日本文化史上大众对外交往的帷幕刚拉开的时期吧。

我很认真地说:"啊!那凡·高笔下的柏树,是真实存在的吗?"三岸也很认真地把她心中的感动传递给了我,说:"实物和凡·高的笔触一样是旋涡状的哟!"

对于生活在当今这个海外旅行活跃期的人们来说,也许听到这样的对话和听到文久二年(1862)高杉晋作[2]等人出国去上海的见闻

---

[1] 三岸节子:日本女性油画家。
[2] 高杉晋作:日本幕末时期的著名政治家和军事家,长州藩尊王讨幕派领袖之一,奇兵队的创建人。

是一样的感受吧,尽管这只不过是发生在三十年前的事。

说回柏树,这种柏树在中国被叫作"龙柏"。

瞿麦说:"所以这里叫作龙柏饭店。"

龙柏①,给这个植物取这样的名字大概是最近才有的事吧。我手上的几种中文词典里都没有出现"龙柏"这个词语。好不容易在大连外国语学院编写的《新日汉词典》里发现"糸杉""サイプレス(cypress)"的词条上写着"侧柏",但还是没有"龙柏"这个词。一查百科词典的类别,"糸杉"属于柏科。那么,日语里的"糸杉",是谁搞错了它的西洋学名,起了"杉"这个树名呢?顺便说一下,在中国,"柏"(日本是橡树)指的就是柏科的树。所以不论是龙柏还是侧柏,中国比日本能更忠实地反映树木的种类。

当初进入饭店的时候,我就看到在"龙柏饭店"的下面附随标有"CYPRESS HOTEL"。龙柏就是 cypress,这个倒是没有错,但若是 cypress 的话,它到底还是一种西方的树木。建造这个庭院的英国人一定是通过这些树来怀念故国,但他大概也没想到日后它们会成长为一棵棵参天巨木吧。

在古代的中文里,有"洋务"一词。

这指的是西方的技术和经营方式。十九世纪末中国开展了"洋务运动",意图借此实现近代化目标,也取得了一定的成果。特别是在天津和上海,洋务运动的成果就像一棵棵龙柏一样落地生根。

下面说一下我个人的体验。当初来上海住在有名的锦江饭店,

---

① 龙柏:日语汉字写作"糸杉"。

我深深地被十八九岁的服务员小哥无微不至的关怀和温婉的善意所打动。因为我偶尔会经由北京到上海，这时便会震惊于两地民风的差异。在北京虽然到处写着"为人民服务"的标语，但是北京饭店小卖部的中年妇女比日本战时统制时期食品店主任以上级别的人还要态度冷淡，服务员也和区政府管户口的工作人员一样面无表情。正因为上海并不像北京那样，让我意识到就算是在同一面社会主义制度的旗帜下，城市的传统文化的底蕴也还是大不相同。

当然，上海人在中国国内可能是有点特别的存在，对他们的看法也并不是清一色的好评。比如说，在广东那一带的人眼里，上海人"爱摆架子""虚荣心强"。

但是说到城市，如果它的市民不逞逞强的话，其文化也是不会向前发展的。以日本为例，在东京和京都，有带着积极意义的"故作姿态"，而在大阪这样的现象就比较少了。在仙台和金泽有这样的现象，而到了名古屋和广岛又是如何呢？神户又是另一种城市氛围了吧。

我一边想着这些，一边穿过了龙柏的根部，最后钻过小门回到了酒店区域内。

刚在大堂坐下，瞿麦就说："福建很好的哟。"

他说自己是福建人。我第一次知道了他的籍贯地。

"福建话和日语很像的。"

瞿麦这句话准确来说应该是日语中的汉音和福建话的发音很像。

"用福建方言说人民解放军是'jin min kai hou gun'，你看，和日语很像吧。"

福建纪行

原来如此，确实很像。如果用北京话说"人民解放军（ren min jie fang jun）"，离日本的汉音还是有点距离的。我一边嘟嘟囔囔地模仿着瞿麦口头传授的福建话，一边说："哈哈，确实和日语一样呢。"听了这话，他又露出了明亮的笑容。这在饯别宴上是一个好话题。

虽说如此，却也不能说福建省就是日本汉音的故乡。为了不让大家产生误解，我接下来想先介绍一下日本的汉音。顺便说一下，日本汉字的发音方法一般叫作"字音"。首先我说一下日语的字音。

众所周知，日本的汉音分成"吴音"和"汉音"两种。最开始的时候是吴音先传到日本。比如"正月（syou gatsu）"，这个音是吴音（如果是汉音的话当然是发"sei getsu"）"元旦（gang tang）"也是吴音，而不发"gen tang"［但是"元日（gang jitsu）"这个词的发音是吴汉音混杂］。"明けの明星（myou jyou）"也是吴音。在大阪有叫"明星（mei sei）高校"的基督教学校，但是这里的"明星（mei sei）"是汉音。明治时期的基督教，不喜欢吴音。他们的理由是吴音主要被用来诵读佛教经典，所以也被称作"和尚音"。"圣经"一词如果按照吴音——和尚音来读的话是"syou syo"，但是现在当然读作"sei syo"。"关西（kang sai）"的"西（sai）"是吴音。大阪的私立大学关西大学是按照地名的习惯读法念作"kang sai"，只有基督教会的关西学院大学因为讨厌吴音，念作"kang sei"。

吴音的"吴"是指代长江下游流域的地理名词，不一定等同于"吴国"。在隋唐之前，中国曾有一段很长的时间处于分裂状态。那个时候文明程度最高的是在长江流域兴衰起伏的、所谓的六朝文化。

那个地方，就是"吴"。所以吴音也是六朝时期最具代表性的音。

当时朝鲜半岛分裂成三国状态，临黄海的百济积极地和六朝（"吴"这一区域）保持交流并汲取那儿的文化。

在公元五六世纪的时候，日本通过百济首次引入了汉字。因为用的是百济音，当然也就和吴音一样。因此，《古事记》①中的假名以吴音为主音调，万叶假名②亦是如此。至于佛经，那更是全用吴音来读。

但是隋唐时期，中国统一。日本开始直接和中国交流，也是从那个时候开始，日本才知道吴音只是某个地区的方言。

奈良时期的日本，开始学习"新音"（当时叫作"正音"）。那就是汉音（此处的"汉"是华北地区的意思）。尽管如此，圣武天皇等还是用吴音来起谥号，可见吴音在日本的影响有多么大。在奈良时代有一段时间，朝廷中好像出现了"用汉音来统一发音"的动向，但因受到兴福寺③等势力强大的寺庙僧众反对而无法实行。现在的日语仍然吴音汉音并用，十分烦琐，这都应归因于僧侣们毫无意义的反对。

在这一点上，朝鲜就做得很好。在朝鲜半岛统一后的某个时期，汉字的发音就统一成了一种。

日本在九世纪末（平安初期）停止派遣遣唐使，中国的发音也

---

① 《古事记》：日本第一部文学作品，包含了日本古代神话、传说、歌谣、历史故事等。
② 万叶假名：日本假名的一种。主要用作上一代的日本语表记汉字的音与训所借用的文字，《万叶集》是使用万叶假名最有名的例子。
③ 兴福寺：日本法相宗大本山，平安时期拥有庞大的庄园和僧兵。

福建纪行

就不再传入日本。也就是说,在日本,中国的字音就到唐音为止。

如今存在着一种看法,认为"如果是用汉字表记的人名或地名,日本人要用当地的发音去读"。

比如表达"山高高地耸立着"就是"崔(sai)"。这个字也被用作人名。"sai"是唐朝长安的发音。如果按朝鲜发音就是"qie"。如果有人要求我们把崔念作"qie"的话,只要告诉他,本来汉字的发音就因时代和地域不同而各不相同,回答他:"我们从九世纪末停止派遣遣唐使以来,就用着唐朝长安的发音,抑或是比它更老的、通过百济传来的六朝的发音。"一个汉字,原本只有吴音或者汉音,如果再加上朝鲜发音和现代中文的发音,被迫记三四种发音的话,反而会变得更加费劲。

严格来说新的读音并没有随着遣唐使制度的废除而停下进入日本的步伐。

从平安末期到室町时期,因为与中国进行贸易以及禅宗传入日本,所以有一些宋音和元音也随之进入了日本。

但是,这并没有在熟语的念法上给日本字音带来变化。

暖簾①(no ren) 蒲团②(fu tong) 汤婆③(tang po)

缎子(dong su)椅子(yi su) 箪笥④(tang su) 馄饨⑤(u

---

① 此为日文,指日式门帘。
② 此为日文,指坐垫。
③ 此为日文,指汤婆子,由铜质、锡质、陶瓷等多种材料制成的取暖器具。
④ 此为日文,指衣柜(衣橱),也可指放小器具的橱柜。
⑤ 此为日文,指乌冬面。

dong）行灯①（ang dong）普請②（fu sin）

另一方面，受到政权交替、迁都等政治因素的影响，中文的发音也发生了急剧的变化。

中国最后的封建王朝是清朝。清朝定都北京，持续了近三百年。这个朝代的统治者不是汉族，而是来自东北地区的满族，他们的语言也属于和汉语完全不同的阿尔泰语系通古斯语。他们发音的习惯和特点应该给汉语发音（特别是北京话）带来了深远的影响。

在日本的东北地区，还有一些地方把"今日（kyou）"说成"tyou"。满族的通古斯语也发不出"k"的音。

从瞿麦所举的"人民解放军（ren min jie fang jun）"（北京话）的例子中，我们也可以看到满语的影响。"解（kai）"变成了"jie"，"军（gun）"变成了"jun"，这不正是因为清朝的统治阶层，也就是满洲旗人的舌头发不出这些音吗？

但是，在福建省，清朝以前的发音却留了下来。"解"在福建话中是"kai"，"军"也是"gun"——福建方言和日语的字音很像。

或者说中日两国的语言都保留了一些中国的古音。

瞿麦告诉我："还有更有意思的事。我认为想出用'俱乐部'三个汉字来表达英文单词'club'的是福建人。"

十九世纪的福建人，看到英国人开了俱乐部来进行娱乐活动，便自己也开了起来。他们把这个英文单词换成了汉字。

---

① 此为日文，指灯笼的一种，用木料或竹料制成方形或圆形的框架，在框架表面糊纸，底板放油碟点燃。
② 此为日文，在禅宗上泛指请求人们提供劳动力修建寺院，也有土木工程的意思。

福建纪行

　　俱乐部这个词如果用北京话来说的话，"俱"不发"ku"而是"ju"，"俱乐部"变成"ju le bu"。显然发明"俱乐部"这个词的不是北京人。我还听瞿麦说，这个发音和广东话也有点不同。

　　而在日本，俱乐部自明治时期以来进入了日语，过去还被用作杂志的名称。

　　"我们在不知不觉中用着福建话呀。"

　　不知为何，我渐渐开始期待我的福建之旅了。

3 刻在山上的梯田

　　福建省自古以来被叫作闽。它面积不小,将近有日本列岛中本州岛的三分之二这么大。

　　放在欧洲来说,人口大概和荷兰一样多吧。

　　闽地地处中国大陆东南部,大陆性特征比较少,自然地理环境和日本,特别是西日本很相似。山地多、耕地面积少、有绵长海岸线和众多优良港湾的里亚斯式海岸是福建省的特征。这个特征有助于培育出海洋民族特性的居民。相比海洋民族,古代福建人可能本来就是海洋上逐鱼而居的渔猎民族,而且从历史看这样的表述可能更为准确。

　　福建在古代也被叫作闽越,是百越(中南半岛民族,抑或是马来—波利尼西亚民族)人所生活的地方。古代中国"天下"这个概念的南部边界,最远也就到浙江省,还没有延伸到福建。

　　就算是浙江省,在春秋战国时期之前,也是不属于中原民族的

福建纪行

越人的王国。这些越人还是从有名的越王勾践（在位时间是公元前496—前465）开始，才明确地被载入了中国的史书。

越，也写作"粤"。

唐朝的颜师古（581—645）是给《汉书》作注的学者，生活在唐代的他对于"越"是这么说的："自交趾至会稽七八千里，百粤杂居。"其意思是：从越南到上海附近一带，居住的都是越人。

我们所知道的春秋战国时期的越国，位于百越地区（当然该地区还包括现在的福建和广东两省）的最北端，还形成了百越之中较为先进的社会，可以称得上是百越地区的代表。

有很多人认为有可能是这些越人在日本绳文[①]末期给日本带去了稻作农业。这个推论比各种各样关于日本祖先的观点更为靠谱。越人既是古代稻作农业民族，也是海洋渔猎民族。是不是他们北上，给古代朝鲜南部和日本北九州等地带去了稻作农业呢？

《魏志·东夷传》中介绍倭人是潜到水里采集贝类和捉鱼的民族，倭人身上还有刺青。据说文身的目的是为了吓唬在水中遇到的大型水生动物。

这个风俗和《汉书·地理志》中出现的关于粤（越）人风俗的介绍十分相似。据记载，越人也是"文身断发以避蛟龙之害"。

从这两个记载粗浅地看，古代倭人和古代越人是十分相似的。

但是曾位于古代越人生活区域最北端的、地形平坦的浙江省（越国），公元前就受到了中原文明的深刻影响，可以说其中南半岛（或

[①] 绳文：日本石器时代后期。绳文时代始于公元前 12000 年，于公元前 300 年正式结束，日本由旧石器时代进入新石器时代。

者马来—波利尼西亚）的特征在现代已经不那么明显了。当然在更靠南的地区（比如说闽），还保留着醇厚原浆般浓郁的越文化。

"就算味道变淡了，但不也留存至今了吗？"而这，也是我对此次旅行的一个小小的期待。

福建省开始中原化的进程比浙江省要迟很多。据说秦始皇在现在福建省的部分地区设置了"闽中郡"（《史记·东越传》），但其统治应该只停留在形式上。

到了晚唐，终于有有组织的汉人集团进入闽地。当时中国内地大乱，各地流离失所的农民纷纷暴动。其中，中原地区河南省的富农王潮和王审知兄弟带领着私家军队流转各地，最后进入了福建五州，在此建立了汉族统治的王朝。

气数已尽的唐王朝封王潮为节度使（896年）。唐朝灭亡后，后梁封王审知为闽王（909年），他们给闽带去了大量的汉族文明成果。

这个闽王朝历经数代后灭亡。公元978年，宋朝统一天下，福建省被纳入宋朝版图，并且刚被纳入不久，就获得了极大的荣耀。阿拉伯人所进行的海洋贸易让福建各个港口和福建人融入到世界经济之中，福建成了中国的重要代表。福建人开始作为航海者活跃在世界舞台上。

大宋成为海洋贸易之国，这件事也给日本带来了重大的影响。

这儿必须要说到日本平安时代最后的政权——平家[①]。这是一

[①] 平家：日本古代一大氏族，此处指武家平氏，特指平清盛一支。

司马辽太郎中国游记

福建纪行

个独特的政权,因为执政者虽然是武士出身但最后却位列公卿[1]。和宋朝的贸易奠定了其实力基础。在平清盛[2]的父亲平忠盛那一代,就以伊势湾[3]的白子之浦为基地开展对宋贸易,并靠着贸易中积累的财富在朝廷中平步青云,实现官职的破格提升。而且令人震惊的是,当时宋朝的船可以深入到不便航运的伊势湾。

但是平家自己不派出远洋航行的船,只是一个被动的贸易者。平清盛想要强化这种"被动性",于是在兵库县的福原地区(现神户港)建造别墅,并耗费巨资建造港口让宋朝的船停靠于此。这个时代的史料,一般只写作"宋船",但是其中大概有很多是福建船吧。

把它们认作福建船的史料也随处可见。

在木宫泰彦的名作《中日文化交流史》(富山房版)中,有作者到处寻找日本、中国的史书和相关记录制作而成的北宋时期中日交通史年表。在这本书里,在确定是福建商人身份的人中最有名的就数周世昌了。1002年一条天皇在位年间他因为遇到风暴漂流到日本,滞留了七年后回国。这是《宋史》的记载。

1026年,一个叫陈文佑的、留居日本的福建福州商人回到中国,第二年又去了日本。这件事被记录在藤原实资[4]的日记《小右记》(978—1032)中。《小右记》还记载着一个叫周文裔的福州商人在中日间往来的事迹。

---

[1] 公卿:公卿是日本贵族,武士一开始是为公卿服务的、地位较低的阶层,平安末期武士势力壮大,代替了之前的贵族统治。平清盛就是第一个掌握政权的武士。
[2] 平清盛:平安时代末期权臣,日本历史上首个军事独裁者,也是武家政权的鼻祖。
[3] 伊势湾:是日本中部地区南部的一个海湾,也是日本水域面积最大的海湾。
[4] 藤原实资:平安时代的公卿。

还有在算博士①三善为康编纂的《朝野群载》(十二世纪成稿)中，有一个叫李充的福建泉州商人，1102年来到日本，两年后又回到中国，过了一年又来到日本。

当然，浙江地区商船的活动也是十分活跃的。只不过就算是福建地区的商船，当时也大多从浙江省的明州(现宁波)出发前往日本，因此可能常常被误当成浙江的商船吧。

据说喜欢贸易的平清盛，曾经让后白河法皇在其位于福原的别墅和宋人相会(九条兼实②《玉叶》)。这个宋人，很有可能就是一个福建人。

我认为应该从亚洲最早的航海贸易民族这个角度对福建人进行更深入的研究。

我们现在在上海机场。去福建的省会福州也可以坐火车，但是太耗费时间。坐飞机的话两个半小时就可以到达。

近代以前福建的交通是很不方便的。浙江省和福建省之间隔着崇山峻岭，陆上交通极不方便。因此，一般都是从浙江省走海路到福州、泉州、漳州等地。也许正因为福建省这样的地理条件延缓了它加入汉文明圈的步伐，让本土文化的特征得以保留了下来。

去往福州的飞机预计早上七点半从上海机场起飞。我们按时登机，坐在位子上系好安全带，但马上就被告知还不能起飞。

原因是福建省内的山间积雨云活动剧烈，下了暴雨。我再次体会到了"闽浙山地"的厉害，果然这个自然屏障直到现在也仍然是

---

① 算博士：日本律令制下在大学寮(日本的国子监)里教授算道的人，官职相当于从七位上。
② 九条兼实：平安时代末期至镰仓初期的公卿，官至太政大臣(最高)，九条家之祖。

司马辽太郎中国游记

福建纪行

外部入闽的障碍。

我们又回到了航站楼内耐心地等待。所幸大约过了两个半小时我们又得以返回舱内。

飞机是使用了很长时间的、苏联制造的安-24螺旋桨飞机。

中国像日本一样珍惜地使用着机械。说到日本，它是一个在战败后的几年内仍然还在堺①的工厂中使用萨摩藩②在幕府末期从上海购买的英国制造的纺织机器的国家。负责保养维护这个古董飞机的维修人员，想必一定是修理的天才吧。中国民航不仅工作人员修理能力优秀，飞机驾驶员的技术也过硬。在大阪的伊丹空港我曾听说，中国的飞机驾驶员起飞着陆的能力很是高超，甚至有最厉害的是美国，第二名就数中国这样的说法。

我在位子上坐安稳了之后环顾四周，发现座位及其他机内设施和这架飞机还是全新时候的配套物品完全不同。调节空气量的塞子用了和热水瓶塞一样的软木材质，同行的同志社大学的森浩一教授（考古学）感叹道："好像是收割麦子的机器一样呢。"他饱含深情小声自语着。正因为他是考古学者，因此他有着把一个东西（包括人脸）巧妙地比喻成另一个东西的能力。中午十点过后，我们的安-24总算完美地起飞了。

飞机途中，云层很低，看不见那些把福建隔绝开来的闽浙山地。

飞机接近福州，下降到云层之下后，山岳地带尽收眼底。

那些山峦从山脚到山顶有着像花蛤贝壳一样的花纹或者说是削

---

① 堺：日本地名，位于现大阪府。
② 萨摩藩：现日本鹿儿岛地区。

了皮的苹果似的、一圈圈的纹路。这是人为造成的吗？还是地质运动形成的呢？我一边凝神注视着，一边想："这不会是日本山间田地中'段畑'①这样的东西吧？"

在此之前我曾以为中国是没有从山脚到山顶、分成一阶阶耕种的山间田地的。在日本，有千年以前就已经开垦的梯田，如土佐②的梼原千枚田、以信州③"田每之月"闻名的姨舍梯田等。当然例子远不止这两个，几乎全日本山谷间的田地都是一阶一阶的形态。

就连濑户内海的岛屿上也不例外。人们开凿山地和岛屿，建造了好几层水平的梯田，为了不让这些梯田崩塌又堆砌了石垒。我甚至觉得如果把全日本这些土木工程花费的劳动力加起来，甚至比建造万里长城花费的劳动力还多。

日本的农业，正是靠着这种农民个人建造的"土木工程"而构筑起来的。虽然明治之后，东京大学还另外开设了土木工程学科，同一时期所有大学的农学部也都开设了"农业土木科"这个专业，还有专门研究它的学会，但"农业土木"这个词在之前的英语或是其他欧洲语言中是不存在的，据说这种学问和名称只有日本才有。日本的农业，就是有着这样特殊的传统。

以土佐的梼原千枚田为例，当初建造它的就是平安初期厌恶律令制下公地公民制度④、从伊予逃到土佐山地地区流离失所的农民。

---

① 段畑：相当于中国的梯田。
② 土佐：现日本四国地区南部。
③ 信州：现日本长野县。
④ 公地公民制度：古代日本律令制的重要基础制度，规定所有的土地和人民都归天皇所有。

他们将石灰岩台地地带埋得较浅的石头挖出，埋得很深的石头则在上面生火加热后用榔头把它们敲碎。他们一点一点地拆除这些石头，再将其一层一层堆砌成石垒，建造成一阶一阶的水田。漫灌用的水，是从远处山崖下的溪流中引上来的。

明治中期，面对濑户内海的清朝高官们看到日本各个岛屿全岛都变成了梯田，感到十分震惊。据传他们曾感叹过："耕而至天，贫哉！"这句话我只是凭着记忆说的，有可能不是那么准确。总而言之，来自大平原地带的清朝人，从日本尽其所能利用狭窄国土这件事上感受到了贫困。而这句话，也表明了中国没有在山谷之间建造梯田的这种做法（之前我是这么认为的）。

在飞机高度下降时我从窗外望去，看到群山上有像老虎花纹一样长短不一的纹路。因为这些无用的知识的误导，我根本没想到它们就是农田。

但是随着飞行高度降得更低，我开始意识到刚才眼皮底下的就是梯田。

也是在那个时候，我心想：好像福建省是个不一样的地方，不同于我去中国其他地方访问时所形成的观念。

很快，大地上蜿蜒曲折的红色水流就在我眼前展开。

对照了一下地图，我知道那是闽江。周围的土地也是红砖色，再配上亚热带风情的鲜绿，我觉得"福建的色彩"就调制成功了。

进入航站楼，我向当地人询问刚才看到的山间田地。那个人马上就说了句："啊，梯田。"

等我回到住处，在《现代汉语词典》里查找"梯田"一词后发现，那不是某地特殊的方言，而是普通话中的一个词。谨慎起见，我又试着查找了诸桥辙次的《大汉和辞典》，那儿也出现了这个词。也就是说，这是个古代就有的词，词典甚至还引用了范成大（1126—1193）的著作。范成大是南宋的政治家，也是写游记的名家。虽然他主要在朝廷办公，但是一会儿被派去北方，一会儿又被派去现在的广西、四川等地上任，因此他在旅途期间写下游记。和福建很像，广西也属于古代"百越"之地，他在去那儿的游记（《骖鸾录》）中写道："岭坂上皆禾田，层层而上至顶，名曰梯田。"大概是因为在苏州人范成大的眼里，梯田是稀有的东西，所以他才特地记录下来的吧。

中国幅员辽阔，所以不能一概而论地说梯田在古代百越地区（福建、广东、广西等）之外就不存在了。但即便如此，如果东南沿海存在很多梯田的话，可能今后学者们就不得不把它作为古代"百越"农业生产的一大特征来进行研究了吧。

不管怎样，单拎出梯田这一点，就可以说福建省和古代日本农业的生产方式是相似的。

4 福州的桥

从机场出来到市区的路上我所看到的是像唐三彩一样的颜色。道路两边是红土，虽然还是四月，但阳光已十分强烈，照耀着长势旺盛的绿色植物。

从纬度上来说，福州和遥远的太平洋对岸的墨西哥处于同一位置，也和它有着相同的色调。

在福州市政府发行的宣传册上印着"夏无酷暑，冬无严寒，树木四季常青"，这韵文好像一张盈盈的笑脸。

沿街的行道树主要是马尾松，它的针叶像马尾一样浓密纤长，而树干则是和雪松相近的浅灰色。整体上苍劲有力却不刻意逢迎，没有像日本的赤松和黑松那样在空中起舞似的虬屈之态。

樟树是仅次于马尾松的行道树。

我喜欢看樟树，甚至喜欢到心痛。革质地的叶子光洁可爱，在太阳的照耀下闪闪发光，看起来好像阳光在一片片叶子上跳舞，洒下一地光辉。看着这景象，我的心里也变得明亮了起来。因为樟树喜欢生长在温暖的地域，所以在九州最多，西日本次之，到了东日本就很少了。只有东京是例外。在皇居前苑的樟树，到了冬天就要用保暖用的绳子绕着树干来保护它，尽管不是自然生长，但仍然保持了旺盛的生长势头。

我脑海里突然冒出テグス（日语发音 te gu su），汉字写作"天蚕丝"（或者也叫天蚕绸），我想钓鱼的时候用在钓丝上的这个发音可能来自福建方言。为了确认这三个字的福建发音，我向陈舜臣[①]的夫人请教，她告诉我福建话中"天蚕丝"就念作"te son su"。

下面的事我在《明石海峡和淡路岛的路》（第七卷）中有写到，但是因为来到樟树和天蚕丝的原产地，特此再重复一遍。

天蚕丝韧度和透明度都很高，在中国东南沿海的福建和广东等地被用作打包中药的细绳。

在江户时期，中国是日本的重要进口国。而当时日本只有长崎港这一个地方被允许在幕府管理下进行对外贸易。在长崎卸货的中药被运到大阪的道修町并在那里分拣，再贩卖到各个大名的领地。位于船场的道修町是一个狭窄的街区，那儿至今仍有许多知名的制药公司，那些公司最早是在堺，后来在丰臣秀吉的时代被迁到船场。江户初期或中期，从阿波[②]堂浦地区来大阪游览的渔民们路过道修町，看到学徒在狭窄的道路打开包裹，并把打包用的细绳子扔掉。渔民们看到这绳子嘟囔着说："用这样神奇的线来钓鱼的话，大概能钓

[①] 陈舜臣：1924—2015 年，华裔日本作家。
[②] 阿波：日本旧国名之一，相当于德岛县全境。

到好几倍多的鱼吧。"于是他们进店里询问店主有关细绳子的事，据说他们和店主一拍即合。店主说："不如你们去濑户海边的各地走走，把这个绳子推广给那边的渔民吧，如果那些人很喜欢的话，我就放弃药材生意，专门进口这些丝线也可以。"

　　这个尝试非常成功，甚至改变了当时日本人的饮食生活。那个时候就连生活在海边的大阪人也只能吃到晒干或半干的鱼，但自从使用天蚕丝做鱼线，鲜鱼也摆上了寻常百姓家的餐桌。

　　以上这些都是已故的民俗学家宫本常一先生调查研究后发现的。

　　宫本常一是在昭和十七年（1942）九月，在兵库县明石的水产实验场内了解到这些事情，并在实验场的帮助下去了淡路岛的天蚕丝加工生产现场。随后他又去了大阪，访问了西区奥美町的天蚕丝批发商新井久兵卫商店和在同一个区域的阿波座大藤商店。前者于1714年开张，后者于1798年开业，都是有历史的老店。但因为后来的鱼线开始用化学合成纤维制作，想必这些店现在都没有了吧。

　　天蚕丝这种不可思议的线是从一种大蛾子的幼虫体中抽取出来制成的，这种大蛾子生活在分布于广东福建的枫树和樟树上。把虫子放到水里杀死之后，从虫子体内抽取绢丝腺，浸泡在稀释的醋中并将其拉长再阴干便可制成天蚕丝。

　　最初盯着这种特别的蛾子的青色幼虫，并觉得里面有可以制成丝线的原料的福建人真是了不起！看着这个丝线想到把它用作鱼线的堂浦的渔民也可以称得上是我们的恩人。我觉得像前文中天蚕丝那样的交流就是不同文明间文化交流的理想形态。

沿途的樟树正在抽芽，从树叶缝隙之中可以看到嫩叶。生长时间两年以上的叶子像一团团云，郁郁葱葱。老叶的深绿之中涌出嫩叶的鹅黄，形成樟树一年四季中最为美丽的色调。

我们跨过了闽江大桥。

很久之前，这座桥附近一带设有福州港（河口港）。据说，不直接在河口设港是为了躲避海盗。至少从宋代到新中国成立之前，福建省沿岸是海盗活动十分猖獗的海域，曾经大名鼎鼎的"福建海盗"这个名号直到现代才消失。日本战国时期[1]倭寇来到这儿，绝大多数情况下是和福建海盗协同作战，在福建海盗头子的领导下组成战斗集团，或者是和他们进行走私贸易。

江户时期是日本历史上政治最安定的时期。当然，倭寇也消失在了历史之中，成了遥远的过去。

明朝把"海禁"作为国策，但是取代明朝的清朝却允许从事海上贸易的商人自由地去海外。

清政府的政策不单停留在"许可"的程度。清朝的康熙皇帝认为和日本的贸易可以获得丰厚的利润，便积极主动地推动海外贸易。那个时候，日本是世界上数一数二的金银铜生产国，荷兰人就从日本拿走了很多金子从而获得了丰厚的利润。荷兰有一段时间占领了台湾，最后台湾又到了郑成功（1624—1662）手里。郑成功的父亲郑芝龙（1604—1661）是福建人，以日本的平户为据点开展海上贸易，据说他的财富"威震八闽（福建省）"。其子郑成功继承了他

---

[1] 日本战国时期：1467年至1600年或1615年，一般指日本室町幕府后期到安土桃山时代的这段历史。

的海上势力，以福建省的优良港湾为据点大展身手，把荷兰人赶跑，攻占了台湾。郑成功死后不久清朝就把台湾纳入了大清帝国的版图，通过和郑氏一族的战争，清朝的康熙帝知道了他们如何以福建各港口和台湾为基地开展对日贸易来获利，并把鼓励开展对日贸易作为国家的方针。和明朝相比，清朝积极地进行对外贸易，这一点是十分有意思的。

1685年（康熙二十四年、日本贞享二年）康熙帝命令福州和厦门的官僚"出船于长崎"，此时正值日本江户幕府第五代将军德川纲吉执政。七月，十三艘官船载着台湾产的砂糖去往日本。在这一年间，清朝派了相当数量的船只前往长崎，达七十三艘之多。

与此相比，荷兰的船只一年只有四五艘，最多的时候也就十艘的样子。

总之，清朝和荷兰都从日本取得了大量的金银。根据木宫泰彦所著《中日文化交流史》，从1648年起六十年间日本流失的金银量大概算一下的数字是：

金　一百三十九万七千六百两

银　三十七万四千二百二十贯

而铜，从1662年开始的四十六年间粗略估算一下日本大约流失一亿斤。金银铜都是宝永六年（1709）长崎奉行所[①]计算的总数。这些都是对方输入货物，而日本方面把世界货币（金银铜）输出的贸易。

---

① 长崎奉行所：管理长崎贸易的幕府机构。

"再这么下去,我国的金银铜就要枯竭了。"幕府为此叫苦不迭,最终采取了缩小贸易的政策。但是另一方面,正是因为花费了这么多的钱,极大地刺激了江户的文化和经济,催生了和同一时期世界上的其他国家相比独特又内涵丰富的江户文化。

我想在长崎奉行所统计的宝永六年这一时期画一条红线。这个时期在日本盛开了人文科学的思考之花,而这是中国和朝鲜都没有的。

以宝永六年为中心的前后几年间,荻生徂徕[1]、伊藤仁斋[2]、安藤昌益[3]、三浦梅园[4]、新井白石[5]等打破传统儒学论述的思想家大量涌现。

这虽然可以说是那个时代的奇观,但是必须承认,这也是来自中国和荷兰的书籍、文物抑或是器物和道具等物品给予人们脑细胞多样刺激的结果。也就是说,江户时期日本的知识分子们,和把原先用来打包的细绳用作鱼线的阿波堂浦地区的渔夫们一样,巧妙地对原来的事物进行了加工和改造。

文化的繁荣发展,其原因在于日本金银铜的储量丰富。还有一

---

[1] 荻生徂徕:江户中期的儒学学者、思想家和文献学家,确立了古文辞学。
[2] 伊藤仁斋:江户前期活跃的儒学家、思想家,提倡古义学,主张回到《论语》的文本中对儒学进行解读。
[3] 安藤昌益:江户中期思想家、哲学家,在他的思想中有无神论等要素,并把以农业为中心的无阶级社会作为理想,近代日本评价他有和社会主义、共产主义相通的思想。
[4] 三浦梅园:日本江户时期的思想家和自然哲学家,依据中国的《易经》《庄子》等著作所含思想,参照佛教哲学和当时自然科学知识,用自己独特的语言创立了"条理学"。
[5] 新井白石:日本江户时期政治家、诗人、儒学学者,他在朱子理学、历史学、语言学、文学等方面造诣颇深。

福建纪行

点必须注意的就是，尽管只持续了一段时期，但日本也曾毫不吝啬地让这些财富外流。

需要进一步考虑的是，江户时期的贸易给日本人带来了中国和欧洲文明。他们对于这些文明的成果也不只停留在弄到手就好的程度。日本人渐渐不满足于中国的书籍和器物所带来的刺激，产生了创新发展的情感。在这个过程中又进一步产生了近代的思想家群。

看了一下地图，我们正在闽江大桥上从南向北行驶。右手边有很多中式帆船和货船隐约可见，让人回想起往日河口港的繁华。

闽江流过福州市区的南部。闽江大桥和解放大桥是进入市区的两座桥。

十三世纪末马可·波罗进入福州的时候（《东方见闻录》里是Foochow市），闽江上的桥还是有桥墩的，也就意味着不是桁架[①]桥。

> Foochow市的一侧有一条宽度足有一英里的大河流过。河中的筏子之上造有精巧的桥。这些筏子上都吊有重重的锚防止其移动，其上钉有结实的厚木板。（《东方见闻录》爱宕松男译）

也许是因为马可·波罗来自水乡威尼斯，对桥梁有着很深的兴趣，当他看到北京西郊外永定河上的卢沟桥（1189年建造）时就称赞它是世界上最好的桥。确实，这个长235米的石拱桥，至今仍然被使用着，让人不禁感叹近代之前中国桥梁建造技术之高超。

[①] 桁架：由杆件通过焊接、铆接或螺栓连接而成的支撑横梁结构。

英国科学史学家李约瑟在《中国的科学与文明》第十卷"桥梁"这项中,也对中国近代以前的桥梁赞不绝口。

总而言之,近代以前中国的桥梁技术怎么夸奖都不为过。只不过马可·波罗在福州看到的桥太过简陋了。

放置并摆好小船或是筏子,把它们当作桥,这在日本古代被叫作"浮桥"或者"船桥"。《万叶集》第十四卷里有"上毛野(现栃木县)佐野的布奈波之"的船桥,后来成为关东地区和歌中出现的名胜古迹,到了十二世纪还保持着船桥的形态,西行①去佐野的时候看到了这个桥。

在平安、镰仓时代,日本好像还没有财力来大量建造桁架桥这种特别耗费铁的建筑物。

我认为,日本到了平安时期才出现了桁架桥,但是却不能保证这个观点的准确性。平安时期代表性的大桥有势多(濑田)的唐桥和宇治的大桥。

李约瑟教授引用了九世纪去中国旅行的日本圆仁和尚写的游记。其大意是他跨过了几个拱桥,还越过了在黄河支流上的浮桥。在圆仁前往长安的长途旅行中,没有一座桥是不能用的。可以说,近代以前的中国是桥梁文明之国。

但在中国这样一个热衷于修桥的国家,福州似乎成了例外。从马可·波罗的记载中可以看出,福州在十三世纪还尚未存在有架构的桥,而这种桥在中国其他地区已经可以看到了。通过这一件事,

---

① 西行:平安末期到镰仓初期的歌僧,著有见闻记《西公谈抄》。

福建纪行

我们也可以知道古代福建省是一个发展比较落后的区域。

此外，有一个叫哈里·弗兰克的美国旅行作家在1922年起的两年间走遍远东各地，他把关于中国南方的游记汇集成册，在1925年出版发行。1940年日本把它翻译成《南支游记》出版。但是总感觉这个译本的质量不太高，比如说忘记写原来的标题。书中关于福州的桥有这样的记述：

> 不久我就到了沿着河建造而成的低地街道。从这儿到水边之间，在许多人住的岛上建有一座桥。穿过那条街道，有一座略高的山，据说那山上之前有外国人居住。

虽然有写"岛上的桥"，但是却并没有说明是什么样的桥。仅从记载的文字来看，桥所在的位置不是闽江大桥，好像是现在解放大桥的所在之处。我们后来才看到解放大桥。只不过在旅途中我忘记向当地人问这座桥是什么时候建成的了。因此，我误以为它是座古代的桥。

不一会儿我们就进入了被翠绿的樟树包围的西湖宾馆。

在那之后，我们去市中心散步，看到了解放大桥。

那个大桥的北岸，是繁华的商业街，衣服、杂货、食品等各种各样的东西都有卖，好像从古代起便是如此。河流的水量大到站立在河岸边就能感到河水扑面而来，直逼胸口。滚滚闽江向东流。

离河岸大约一百米的下游，解放大桥远远地向南横跨着，延伸至岛上。这个岛好像就是哈里·弗兰克笔下的那个岛，绿色之中零星散布着古色古香的小洋楼。

当地人向我说明道："那个是新中国成立前外国人住的。"

我指着解放大桥问："那是座桥？"当地人笑着说："那是座桥呀。"

被他们这么一说，我才意识到那其实只不过是一座普通的桥，一开始走了眼才会以为是古迹，本无须大惊小怪。

而且这个桥极其宽。桥上就和市区里的大道一样有很多人走路、骑车，来来往往。桥的上层是水泥建造而成的。它是一座普通的桥。

但我之所以一不小心把它错当作古代的桥是因为这个桥的桥墩形态很奇怪。桥墩的根部像一只木屐。

闽江的水流速度在中国的河流中算快的了。为了不迎面承受水的压力，桥墩的根部是尖头木屐状的石砌构造，那个尖头就像船头一样。

一数那个像木屐，或者说像船一样的构造物竟有近三十个。它们上面只有水泥桥面这一个构造。

李约瑟教授为这种桥梁结构起名"福建型"。他认为福建厦门九龙江上游的江东桥是个好例子，并附上了它的照片。江东桥是1214年到1234年间建造的。

"福建型"不是中国在一般桥梁构造中最擅长的拱桥型。因为福建的山靠近海，河流宽，落差大，水流湍急，所以设计出了这样一个方案。我不禁想：福建人的祖先可真伟大啊！

但是从另一方面考虑，我又觉得"福建型"的桥不就是把马可·波罗所看到的闽江船桥的构造用石头永久地固定下来吗？桥墩的根部，是用石头堆砌而成的石船，只不过建成于十三世纪的江东桥在上面

福建纪行

放了一张石板，而今天的解放大桥则是水泥桥面。

如果我的推测是合理的话，就像阿波堂浦的渔民把打包用的细绳当作钓鱼的鱼线一样，十二、十三世纪（我是这么推测的）的工匠们，盯着船桥，也一定想到了"把船变成石头如何？"。有趣的是，解放大桥如同它的名字一样是现代桥梁，但是它的形制和构造原理都沿袭了古代的"福建型"桥梁。

5 独木舟

中国城市的历史大多可以追溯到公元前，但是福州这个城市最早也只是从三四世纪才开始出现，无疑是一个偏僻的城市。

福州的发展历程是从海外贸易繁荣的宋代（十世纪至十三世纪）开始的，随着步入近代，其重要性也逐渐增加。我拿着的是1937年发行的《福州市区地图》，但仔细一看竟能感觉到可以称得上是"小上海"的繁华热闹。

从地图上看，福州市的西郊（现在的南郊）有飞机场，也有各样的学校。此外，公共体育场也很大，甚至在离现在的机场不远处还有高尔夫球场。当然，现在高尔夫球场什么的是没有的。宽广的西湖公园已经占了这座城市西北角的一大部分空间，成为这座城市美丽景观的亮点。我们也是一到这儿就去有广阔水面的公园散步。

这个公园在很久之前好像是灌溉用的蓄水池。

从新中国成立之前的文献来看，据说是晋太康三年（282），在

福建纪行

这里担任太守的一个叫严高的人为了开垦新的田地挖了这个人工湖。顺便说一下,当时还没有福州这个地名。唐开元十三年(725)福州这个地名才第一次出现在文献里。

严高挖了"东湖"和"西湖"两个大池子。东湖不知道什么时候消失了,只有西湖留到了现在。

关于严高在三世纪末挖了西湖这个人工湖的原因,还有一种说法说是为了建造内城。但当站在浮出湖水的沙洲上时,更能理解造城并不是挖这个池子的唯一目的。

闽江,这是一条令人望而生畏的河流。

它从山间骤然流出到福州的低地。这样的河流,一下大雨一定会马上泛滥。从山上冲刷下来的泥沙堆积形成了现在福州市区所在的冲积扇,说是冲积扇实际上也是洪积平原。福州大概到处分布着在洪水泛滥后留下的天然防洪池以及挖出来的沟渠(河道)——它们只有在发大水的时候才会变成临时性河流。且不论渔民如何,这样的环境一定是不适合农民居住的。

古代的福州,按照想象应该是湿地。因为地理排水性较差,死水聚积,芦苇遍地。在这样的环境下开垦大规模的水田是不可能的。

在这种情况下,按照中国古代土木工程的一般做法,不是把低平凹陷的土地变成人工池塘,就是深挖天然防洪池或建造堤坝来拓宽已经形成的田地。

我们在日常生活中,也经常做这样的事。如果家在低湿的地方,就算庭院很小,也要在那儿挖很深的池子。这样的话,池子周围的土可以变干,家里也可以除湿。

在闽地，从中央来的官员要挖像西湖这么大的池子，大概需要花费巨大的人力吧。

在那个时候，闽地的土著要么是在河里或者海里捕鱼，要么就是在山间开辟田地。千里迢迢来这里的汉族高官，想让他们在福州的冲积扇上松土、挖大池子是很困难的。

三世纪晋朝的严高赴任的时候一定从中国内陆带来了众多的士兵和农民。如果严高和他的那些事迹都是真实的话，可以推测三世纪的时候，有组织地入闽、挖西湖的也有可能是他们。

想必这个时候山里的原住民们一定在窃笑着说："这么平的地方能住人吗？"他们大概是没接受过文明的山野之人。说是农耕，却还是采用和现在东南亚地区一样的火耕的原始农业；说是渔业，应该不过是在浅滩上采集鱼类和贝类这样简单原始的采猎生活，并没有中国内陆地区那种改造土地、建造农场的想法。

可以说严高和随他一起来的汉族人是最早做这些事的人，西湖就是见证。我们在沙洲上，也许这个沙洲就是挖池子的时候用泥土堆积形成的吧。

据说在民国三年（1914）这个人工池子被改造成了可以周游西湖的环湖公园。

当登上连接湖畔和沙洲的古老石桥的石阶时，我们和一对像恋人一样的人擦肩而过。在湖上也有好几对恋人坐着小船，其中的一艘船穿过我眼皮子底下的桥向后方划去。

西湖东边的树林里有我们住的西湖宾馆。北岸是福建省博物馆。

我这次旅游，多亏了好友们的帮助。

福建纪行

首先，是作家陈舜臣夫妇。他们二人都是福建人，所以他们俩来过这个地方好多次。陈舜臣是《鸦片战争》的作者，所以在我们参观博物馆的时候专程去拜谒了西湖北边林则徐（1785—1850）的墓。

林则徐是福州人，在福州的宣传手册上也印有"中国近代民族英雄"的字样。他是一个在古代封建王朝和近代的夹缝中，闪耀着对民族和人民大爱光芒的人物。清朝末年，林则徐中举成为进士，在担任各个官职期间，因为担心英国人带进来的鸦片之害，他上奏立法禁烟。朝廷看重他的执行力封他为钦差大臣。1839年，他以极大的勇气和魄力坚决地实施了禁烟政策，驱赶贩卖鸦片的商人以期杜绝鸦片的流入。英国因此抗议，并派遣舰队，发动了鸦片战争。

这个事情也跨海传到了日本，掀起幕末时期"攘夷论"的高涨。所以，林则徐一名即便对于日本人来说也不该忘记。

林则徐的"林"姓，陈舜臣的"陈"姓，这些都是新中国成立之前在福建省有特殊意义的姓氏。

过去他们被叫作"衣冠族"。

虽然陈舜臣先生不说这样的事，现在的福建人也都不说这种旧社会的事情，但这经常出现在二战前和福建相关的文献里。衣冠族，指的是晋朝（三世纪至四世纪）时，从北方的中原入闽的八个姓氏。可能八姓之中包括了严高的幕僚和官僚，还有挖掘西湖的中原人吧。除了林姓和陈姓之外，还有黄、郑、詹、邱、何、胡。

此外，在福建，能被称作大姓的还有王、蔡、刘、张，陈舜臣的夫人就姓蔡。还有和我们一起同行的北京对外友好协会张和平理事，也是福建人，是雷峰人。除此之外的大姓还有李、赵、杨、吴、郭、范、蒋、周、高、曾、孟、徐、柯、方、叶、蒲、游、马、沈、薛等。

居住在日本的福建籍华侨们的姓，大半都是上文中列举的姓氏吧。

我们的同行者，还有考古学家森浩一教授（同志社大学）和民族学家松原正毅副教授（国立民族学博物馆）等人。

我混在这些人当中也去了西湖湖畔的福建省博物馆。虽说如此，因为我是外行，既不会像那二位一样把脸贴到每个柜子上凝神盯着文物看，也没有画文物素描的热情和能力。

柔和的日光恰到好处地射进馆内，混着照明的灯光。在这样的光照中我走了几步，一个用巨大樟树掏成的独木舟状的木棺出现在我眼前，旁边写着"武夷山白岩崖洞墓"，旁边还附有说明文。

武夷山脉是福建省西部隆起的山脉，其中有海拔一千五百米的高峰。西湖宾馆主馆的大厅里，挂着武夷山的山水画。只见画上断崖高可摩天，山下雾气升腾，远处还有奔腾而下的激流。武夷山水量丰沛，树木繁茂，还有很多种类的蛇栖息于此。福建省叫作"闽"。虽然"闽"的门字框中是虫，但可能指的是蛇类。武夷山里还有蛇类动物研究所，陈舜臣先生好像以前去那儿拜访过。

那个断崖上的高处有几个自然形成的洞穴，在那里放有许多这样子的船形棺。1978年9月，中国的考古工作者们抓着绳子往高处攀，把棺材取出来后又用绳子把它们吊着送到山下。博物馆内还可以看到他们高危作业的照片。

根据放射性碳定年法，这棺材的历史可追溯到距今

福建纪行

3445 年前（误差前后 150 年）。

我国东南沿海地区古越族之墓。

所附说明上的话大意如此。"沿海的古越族"，单这个名称就已经充满诗意了，仿佛广阔无垠的马来—波利尼西亚海[①]就浮现在文字的前后。

"沿海的古越族"，指的就是古代的代表性海洋民族——马来—波利尼西亚人。他们是划着独木舟，把太平洋当池子一样到处来往的英雄般的人们。

日本列岛也有可能是他们所停靠的岛屿之一吧。

说到独木舟，鹿儿岛县的种子岛，直到几年前还在使用独木舟，我在《街道漫步》一书的"种子岛"一章（第八卷）中提到过这件事。此外，下文所述内容在"冲绳"一章（第六卷）中也有写道：据说冲绳丝满地区的渔民直到昭和初年还在独木舟上放装有小米的袋子，到纪州[②]熊野的洋面上打渔。独木舟和有船体构造的船不同，因为舟身不会碎成一片一片的，也不会沉。就算舟遇到大浪被倒扣了也可以迅速将其恢复原状。在古代，马来—波利尼西亚人的活跃范围之所以能遍及从东南亚到夏威夷群岛如此广泛的区域，也是因为他们乘坐了独木舟。

舟。

什么地方都可以到达的交通工具。

---

① 马来—波利尼西亚海：太平洋西南部地区，包括现在的东南亚和大洋洲的一部分。

② 纪州：现日本和歌山县。

死后，它也能带我往生极乐净土吗？

也许对于古越民族来说，独木舟就是这样的道具吧。

《古事记》给舟起了个美称，叫它"天之鸟船"，意思是像鸟一样快速划行的船。

此外，《古事记》中有男神伊邪那岐命和女神伊邪那美命相互诉说爱意，最后"御合"诞下日本各地这一章节。他们先是生下了淡路岛，接着生下了四国、九州、佐渡、对马，还生了五岛列岛中的知诃岛（值嘉），再一个个生了各国。

> 接下来，诞生的神的名字是鸟之石楠船神。（次に、生みませる神の名は鳥之石楠船神）

于是，鸟之石楠船神诞生。"其名亦叫作'天鸟船'"。

把在海上航行的独木舟拟神化叫作"鸟之石楠船神"，这点很有意思。"鸟之"虽然是美称，但通过赋予独木舟以鸟的形象，就把天空和海洋变成了一个世界。

"石楠"这个词也带有一种坚实牢固的形象。日本也和"古越"一样，是"樟（楠）之国"。在古代，独木舟大多是用樟树制成。这种木材和石头一样坚硬。

顺便说一下，有观点认为《古事记》《日本书纪》[①]中关于国家诞生的神话借用了古代居住在淡路岛的海人族的神话传说。冈田精司先生在《关于国家诞生的神话》（《日本神话研究》2）中对此进

[①]《日本书纪》：是日本留传至今最早的正史，采用编年体，共三十卷。

行了缜密的实证研究。

但是我并不试图通过引用上文中提到的"神话"来实证"古越"和日本古代海人族的共通性。我可没有这样麻烦的野心。

可以称作"福建省之壁"的武夷山的断崖，其上只有鸟能飞过。但是就在这样的断崖的洞窟里放着樟木做的独木舟，并且上面还有着同样材质的棺盖，死者长眠于此。在古日语中，表示天和海的发音是一样的，不知道古越语是否也是如此呢？还有，在日本冲绳一带有这样的信仰，认为在地平线的遥远的那头——也就是天空——是魂魄应该回归的国度，古越人是不是也这样认为呢？

独木舟的木质干透了，像铁一般。而这样的想象给它增添了丰富的意涵。

虽然我无意从这个独木舟状的棺材故意牵扯到日本列岛，但还是禁不住想起散布在九州的筑后川边的壁画古坟。比如说，吉井町富永的珍敷古坟石室上的绘画是最具组合性和暗示性的。

关于这个珍敷古坟，森浩一先生在《古坟之旅》（1979年，云草堂版）中写了一篇简洁确切的文章。下文是我借用的书中的几句话：

> 左侧的画，上面是同心圆的纹样，下面的人划着桨坐在小舟上。舟身前段有鸟。右侧的图文上面画着的是拿着盾牌的人、圆形的图案，以及蟾蜍、鸟等，没有余白残留。色彩采用了红色和青色。

森浩一先生一直是很谨慎的。在说明这个壁画所代表的意义时，他一边介绍了各种各样的假说（比如说，有鸟的船代表的是天之鸟船这样的话），一边写道："这些（猜测）都很重要，但是壁画整体所代表的意思现在还不明确。"

在这里我还想说一些题外话。舟和棺在无意间是很容易被拿来做对比的。从古坟时代的前期到中期所使用的石棺，其中一种形式就是"船形石棺"。因为这个形状和江户时期的和船相似故以此命名。"船形"的"船"只是带有考古学意义的术语，除此之外没有什么特别的含义。一定是当时没想到（当然也不可能想到）福建省武夷山的断崖中可以发现独木舟做棺材的古代坟墓。从这个意义上说，我们"疏忽"了。

据说把独木舟用作棺材的风俗，在东南亚的大部分地区也存在。关于这一点，民族学家松原正毅先生好像小声说了点什么重要的东西，但是我漏听了。

尽管如此，大约三千年前的樟木，看一眼就能明显地感受到它沉甸甸的存在感。从樟木棺的大小来说，它长 4.89 米，平均高度是 0.78 米，宽 0.52 米。这个棺材的制作方法是：把巨型樟木竖着，从中间劈成两半，烧其横截面，用石器将其挖空，做成舟的形状。和同时期中原出土的华丽的文物相比，它能告诉我们更多当时的生活状态，甚至是古代的宗教观念等。

在凝视着它的时候，我差点轻声说出"古越的天鸟船"。

6 翻山越岭

福建省几乎都是山地,在地理条件上和日本列岛一模一样。耕地仅占全省面积的百分之十五。

在亚热带气候这点上,福建和日本略有不同,但是多雨却是共通的。当然,这里的山上也有很多树木。

"福建树木很多,在中国各省之中算是一等一的。"在我们到达福建那天的晚宴上,省长(福建省委第一书记)项南先生在演讲中也说到了这点。我不擅长和政坛上的大人物打交道,所以本打算尽可能地逃避这种场合,但是能见到项南真好。他是一个头脑敏锐又作风端正的人,而且随机应变做出决定的能力也十分出色。

人高马大,目光锐利,这符合他的军人出身。可能是在军队时就养成的习惯吧,他的帽子压向斜后方,远远看上去竟像是神话中佛祖后面的那圈佛光,和他长长的脸十分相配。

从年龄推测,他可能是经历过抗日战争和国共内战战火洗礼的人。现在他仍然在"前线",因为福建省的对岸就是台湾。

台湾,这个承载着丰富的自然和人文景观的岛屿,值得我们去热爱。关于政治问题,我并不想发表任何言论,但是作为东亚人民的一员,我只是衷心希望保持和平的状态。

七八年前有一段时间,我曾想过去福建。但是当时福建还是尚未开放的地区,理由是这个省份处于对台前线。但是我总觉得福建省给我的印象,是宁静祥和的,除了"和平"没有什么词更适合它。这和"战备状态"这样的词语是完全不搭配的。

让我们回到关于树木的话题。

现在世界上的人们开始意识到,和特殊的钢材制成的大炮或者合金制成的喷气飞机相比,树木是人们生活里更为重要的东西。

不论是人类还是生活在陆地上的动物都依靠树木生存,就连在水里生活的鱼也是如此。在树木繁盛的海角,鱼群靠近树木栖息,如果树木被砍伐了它们又会去往何处呢?

项南省长不停地说着福建的植被问题。随后他又说:"但是和日本相比,福建还是望尘莫及啊。"他在十年前访问过日本。他说给他留下最深刻印象的是那时他看到沿途的山上生长着的茂密树林。让客人高兴是中国从公元前就有的礼节礼貌。他虽然给人一种野战军司令的感觉,说话也比较直接,但即便如此,他也知道如何让客人们心情愉悦。

我好像必须要说点什么了。

"日本虽然有很多树,但意外的是这是明治政府的功劳。如果下次再去日本访问的时候发现绿色变少了,那是因为战后日本人不重视自然环境，乱开发所导致的。"

江户时期的日本还是有很强的造林思想的。但是因为当时制盐冶铁等"巨大的产业"需要依靠山林来获取大量燃料，在制盐业兴盛的濑户内海沿岸地区，松树被乱砍滥伐，有很多海角的地皮都暴露了。现在沿岸仍有一部分地区甚至连土壤都被吹跑，岩石也裸露了出来。同样因为冶铁的原因，在中部地区①的山脉里，用来制作木炭的杂木也一直被砍伐着。

明治政府有"林业政权"的一面。它大力发展植树造林，其末期的1900年左右，是日本史上树木最多的时代。

但是在中国，发展林业的意识相对淡薄。自古也只有《管子》一书对林业有所涉及。众所周知，这本书被认为是生活在春秋时期的齐国宰相管仲（？—前645）所著，实际上大部分内容都是后人所续写的。虽说是后人，但因为成书于战国到汉代这个公元前的时期，内容记叙得很具体，且没有看到太多儒学形式主义的影子。我时常在想，无论是中华文明中的理性主义思想，还是关于自我的问题，都出现了奇妙的思想倒置，那就是公元前战国时代的理念反而更接近"近代"思想。公元前，人类所能考虑到的各种形式的政治理论和哲学理论纷纷登场，但是在此后两千年里它们却长久地沉睡在作为国家意识形态的儒学身边。

春秋战国时期中国人有极强的思辨能力，仿佛是人类的代表。而《管子》就是这个闪耀着思想光芒的年代的产物。它是一本以理

---

① 中部地区：位于日本本州岛西部，由鸟取县、岛根县、冈山县、广岛县、山口县共五个县组成。

性主义经济政策为主的书，在这本书中出现了几处和林业相关的论述。下文我将试着选取几句与林业相关的内容。但因为我是从一个门外汉的角度来推测和解读的，所以可能存在不同意见。

地之不可食者，山之无木者，百而当一。（地上对经济无益的东西，比如不长树的山，一百座秃山的价值也比不上一座有森林的山。）——《管子·乘马第五》

山林虽广，草木虽美，禁发必有时。（山林虽广，草木生长虽好，封禁开发必须有定时。）——《管子·八观第十三》

衡顺山林，禁民斩木，所以爱草木也。（让国家官吏巡视山林，禁止砍伐树木，这是为爱护草木而要求的。）——《管子·五行第四十一》

天子攻山击石，有兵作战而败。（天子不加节制地砍伐树木、采掘矿石导致国家衰落，其他的国家就会攻打过来，就算进行防御也一定会失败。）——《管子·五行第四十一》

上文是论述山林作为国家的基础。下面的文章可以说是管仲意识到保护山林之难的证据吧。他已然有了危机意识。

苟山之见荣者，君谨封而祭之。距封十里而为一坛，是则使乘者下行，行者趋。若犯令者，罪死不赦。（如果发现这座山有丰富的矿藏，那么君主就应该把这座山尊为

福建纪行

神山来祭祀,在距离这个神圣的区域十里左右的地方设置祭坛。对于路过这里的人,乘车的要命其下车步行,步行的要命其跑步快走,为的就是防止他们有机会砍倒一棵树。若有违反者,一定要处以死刑。)——《管子·地数第七十七》

在汉朝独尊儒术并将其作为官方意识形态之后,《管子》这样的书籍,就没有再受到重视。儒家提倡的是以家族秩序为中心的修身齐家(加强自身的修养,管理好家庭)。如果可以维护好以家族和血缘为中心的同心圆的秩序,只要把这个圆形扩大,就可以实现"治国平天下"。而关于人和自然的相处之道,无论是形而上还是形而下的角度都没有加以论述。

由风力和黄河搬运堆积的黄土覆盖着孕育中国古代文明的中原(华北平原)。因为土粒里面含有水分,就算只下一点雨或者不下雨,在这样伟大的土壤上作物也能生长,因此人们对蓄水以及涵养水源的森林的保护是比较迟钝的。因为就算把森林毁灭了人们也能继续生存下去,所以《管子》中有关森林的论述没有受到重视。

但是日本的地理状况就不同了。据说明治初期来到日本的荷兰土木工程师是这么评论日本的河流的:"那不是河流,是瀑布啊。"

人们大多沿着山间的急流建造群落,以稻作农业为生。周围的群山在下大雨的时候像海绵一样大量吸水,在此之后缓缓地将水释放出来。正是因为茂密的树覆盖了山体,水土保持才有可能实现。若非如此,就会导致下了暴雨后洪水奔腾而下直流入村,摧毁村落和田地，这也是战后日本随意开发的土地上时常发生的现象。洪水水量大、速度快，还会导致山体解体，半路堵截河流，淹没盆地。是森林守护着人类免受洪水之害。

虽然日本没有《管子》，但是自古以来就自然而然地形成了"砍了树就一定要植树"这种保护本地水土的思想。直到最近政治家开始插手土木、能源的事情，这个思想才没有得以很好的落实。那些政治家们很难说是日本固有文化的子孙。

福建省又是如何呢？

我们于四月四日早上八点半坐着小型巴士离开了福州市区，不久就进山了。

我们翻越了无数山岭，时不时可以看到路旁和山里斜坡上开着的梧桐花。

山虽然也很绿，但不是日本的山那样被树木覆盖的、郁郁葱葱的样子。

只能说是和华北平原相比还算好。

成排栽种的马尾松虽然中间不时有所空缺，但仍然不断地绵延着。马尾松只长到可以遮盖路边的程度，并不能使山本身变得更茂密。隔着马尾松的枝头望去可以看到对面那座山斜坡上的梯田，像是削了皮但又残留一点果皮的苹果。还有没修梯田的山，那些山上的树也称不上多。也有毫无生气的山，有时可以看到它们只披了一层像天鹅绒一样薄的草皮。很多没有树的山好像是因为坡度太大无法植树，抑或是地表的岩石暴露无法建造梯田。

有一些山上的水从斜坡上落下——就像是公园饮水处的狮子状

福建纪行

出水口中喷射出来的那样。

但是因为山里的树不多,所以不能靠树根来保水,而且这些水也不能扩展、浸润到山体全部,所以喷射出来的水只是白白地沿着山坡垂直落下。

虽说是中国各省中的第一,但是福建省的山基本都是这个样子。

在福建山体裸露的进程中,也有二十世纪前期的外国人的推波助澜。

前文我已经提到了有个叫哈里·弗兰克的美国旅行作家,在1922年到1924年期间来中国旅游并写下了游记。在这本书里有"顺闽江而下至福州"一章。

他也因为福建的山里有森林一事而感动。他写道,这在中国来说"实在是罕见的景色"。他是这么说的:"沿闽江而下的旅途中,一个惊喜就是两岸的山岗上有森林。"

他从别的省来到福建,感觉自己好像苏醒过来了。

而且,他发现了福建在植树。

哈里·弗兰克曾认为中国不存在植树造林的思想。正因为如此,为何只有福建省有树林呢?这让他觉得不可思议:

> 处于各个生长阶段的树木覆盖了一座座小山。像这样有计划的植树造林,在日本或者德国等发达国家看到也许不会让人感到惊异,但是没有料到会在中国或美利坚合众国这样破坏林木的国度看到。

美利坚合众国拓荒的起点基本上都是从砍伐森林、将其改造成耕地开始的。美国人以森林为敌的历史，从一开始移民垦荒一直持续到至少二十世纪二十年代。哈里·弗兰克将中国和自己的祖国相比，并把二者都称为"破坏林木的国度"。当然，二者现在已经不是这样了。虽然人类也随之进步了，但是恢复已经失去的森林，近乎是不可能的了。

哈里·弗兰克将日本和德国评价为在植树造林和森林保护上的"发达国家"。德国到现在仍然是配得上这个评价的。先不论日本在植树造林方面如何，单就森林保护来看，明治时期的重视林业的初心已经逐渐丧失。虽然这是日本人集体犯下的罪行，但是后世的历史会选择其中一个人作为象征性的人物吧。

我想哈里·弗兰克大概在到了福州后，为了解开这个不可思议的谜团（是谁教给中国人植树造林的？）曾到处询问。

于是，书中记载的"某个男人"出现了，他是这么说的：

（植树）主要是受到日本的影响。而破坏性倾向则是受到美国的影响……

"日本的影响"是通过什么途径进入福建省内的，弗兰克没有谈到。

但是与此相对，"破坏性倾向"是受到美国的影响这一点，却被详细地记载着。闽江的上游有美国伐木工人的帐篷。

美国的公司，不断地深入丛林深处去砍伐巨木，并把它们扎成木筏顺流而下，漂到下游。他们一看到树木长到电线杆子这么粗就会迅速把它砍下来让它顺流漂到福州。

他们是绝不会留着树长成巨木的。

现在的美国人,是不会对其他国家做出这样野蛮行径的。

如今上文所写的野蛮行径,像极了现在日本人在东南亚部分地区所干的事。而且这些木材成为我们的纸浆和一次性筷子,每天都被使用着。只不过在东南亚的这些日本人在伐木后是不会植树造林的。大概他们想让那个国家来植树,但这一点刚刚好又是相矛盾的。正是因为那个国家没有植树造林的思想,或者说这种意识很淡薄,所以伐木队得以进入森林。就算要求那个国家植树造林,他们对此的反应也是很迟钝的。所以那些日本人就会辩解道因为对方是这样的国家,自己也无可奈何。

于是就这样发展成乱砍滥伐。但是我们应该站在全球的角度来更深入地考虑这个问题。森林不只是这个国家的财产,而更应该是包括人类在内的生物在地球上赖以生存的条件。当这个国家的森林消失殆尽,湿地干枯只剩下了污泥和粉末状的堆积物,人们失去了可以生活的家园的时候,那个国家的人们一定会说:"这些都是日本人干的好事!"我们真的可以毫不在意地让自己的子子孙孙背负这样的恶名吗?

但是好像日本人不怎么在意对后代的影响。古代中国就将这种迟钝定义为野蛮人。中国人认为文明人是会考虑自己的后代的。因为有了这样的思想,中国才会到清朝都一直编写二十四朝各代的正史。因此历朝历代的皇帝和高官都会在意自己如何被正史所评价。

贝冢茂树①先生说过："欧洲也是这样的。"中国的后一个朝代会编写前一个朝代的历史，上一个朝代的史官留下丰富的史料。欧洲虽然没有这样的传统，但是个人会在意后世的评价，便自己记录自己的事情。生活在公元前100年（？）到前44年的尤里乌斯·恺撒就写了《高卢战记》和《内乱记》，用简洁平实的文章将自己的生平和思想传于后世。可能他最主要的动机在于提高他后世的名声。自恺撒至丘吉尔，有无数的欧洲人在自己的晚年写自传。

在这一点上，日本人虽然自源平合战②以来一直有着"珍惜名声"这种以强烈的羞耻心作为道德替代品的精神心灵史，但是也有"旅途出丑不必顾虑""世间的耻辱只留此代"这种想法。贝冢茂树先生曾说"所以日本人是野蛮人"。他所言极是。那些人留下了"掠夺其他国家的自然资源，且不做好后期补救工作"这样的恶名，给日本和日本人抹黑。他们没有为后世着想的意识这点只能说与野蛮人无异。

虽然土木工程和自然的二次开发需要对于文明有十分成熟的思考，但是从昭和三十年代开始，对工程和能源的利益追求和政治家自我满足的野心相结合，使二者像怪物一般在日本国土横行霸道。

后世的历史学家们一定会用好几页纸来书写这个时代。到了那个时候，代表这个时代的政治家的名字，一定会给人留下恶人的印象吧。当然，他们也有自身所提倡的"正义"。他们应该提前写下

---

① 贝冢茂树：日本的东洋学者，中国史学者，京都大学名誉教授。
② 源平合战：史称"治承·寿永之乱"，是日本平安时代末期，1180至1185年的六年间，源氏和平氏两大武士家族集团一系列争夺权力的战争的总称。

福建纪行

从文明论角度对"正义"的论述和自己的政治哲学。如果不这么做的话,后世大概只会说他是那个时代恶的象征吧。

我一边看着福建的群山和山谷,一边思索着。

我们经常在下坡的时候遇到水。有的时候会遇上湍流,但有的时候水流就只在那儿淤塞变成了沼泽。

在这样的水流上,不时有竹筏漂过。

与其说是在打渔,不如说是农民来往河流两岸的水上交通工具。船夫在摇摇晃晃的筏子上,好像表演杂技似的一边保持着重心平稳,一边急促地撑着竹篙。

幸亏我们生活在可以用巴士到达对岸的年代。在哈里·弗兰克所在的年代里还没有这样的道路,所以河流是他唯一的交通手段。他选择的方法是从古代以来唯一的一个不走海路进入福建省的办法,那就是顺闽江而下。

当时,船先暂时顺流到达位于河口的福州,如果要再返回上游,除了人力之外没有别的方法。纤夫在船上套上绳子,使劲牵拽着船,浅滩的水漫至腰部。据哈里·弗兰克记载,纤夫们走进湍急的水流中向前行进,他们在"容易刺到脚底的岩石"上行走。哈里·弗兰克把他们叫作"人类中最拼尽全力工作的人们"。不断地有人被卷进激流中冲走死去。哈里·弗兰克每天数次看到这样的尸体,那是这种劳动的结局。

> 那天早上,我们看到了脸朝下浮在水面上的苦力的尸体。他的尸体比活着的时候要胖数倍……而且在他浮肿的

背上聚集着无数的苍蝇。没有人看那个尸体一眼。湍急的河流从来不会给我们时间考虑自身以外的东西。

现在，已没有这样的场景。

小型巴士内不时响起磁带播放的音乐，我们坐着车翻山越岭。我不禁感慨中国发展进程之快。

7 火耕的民族

我们翻越一座座山，是为了见人。要见的不是一个人，而是生活在福建山中以火耕为生的少数民族。

这个民族名字的汉字很难读。

是"佘"和"田"组合形成的"畲"字，在日本的汉和词典里，把它念作"yo"或者"xia"，意思就是"火耕"。但是在日本，这个汉字从古至今都没有在文献里出现过。

在汉语中，这个字好像念作"show[①]"，所以这个民族的名字叫作"show族（畲族）"。

在汉语中，这个汉字更加复杂，而且意思也确实只局限于火耕。

只为了给这个民族命名就创造了一个"畲"字（只是我的想象），意为火耕的民族，这样难道不会冒犯到他们吗？如果不用放大镜看

---

① 拼音是 she。

的话，是无法理解这个小小的印刷字体的结构的。"佘"下面一个"田"和"余"下面一个"田"。虽然有人会想说哪个都行吧，但是古代中国的情况却没那么简单。古时候汉族政权看不起生活在其他地方的少数民族，因此用加了"犭"等偏旁的文字去命名他们，这着实过分。比如说和畲族在古代曾是同根同源的瑶族，以前就用"猺"这个字来表示，直到新中国成立后才改成"瑶"这个寓意美好的字。

我想"畬"变成"畲"，也是因为同样的理由吧。顺便说一下，"畲"只用作民族名，除此之外没有任何意义。发音也同样是"she"，只不过部首文字从原来的"禾"变成"示"，既满足了那个民族的自尊心，也能安抚他们的情绪。

此外，大概因为不是一直持续刀耕火种的生活方式，所以沿用"火耕的民族"这个名称，将来怕也欠妥吧。

所谓火耕，就是原始农业。

日本在绳文末期的农业也普遍采取这种方式，直到现在，这种农耕方式在东南亚还大行其道，毁林现象十分严重。

放火烧原野和山林实在是一件厚颜无耻的事情。把野草和树木烧得精光，只把烧剩下的灰用作肥料，上面种植稗子、荞麦、小米、大豆、小麦，有时还会播种旱稻。不施肥，也不培土。待数年之后地力衰退、不足以支撑作物成熟时，人们再转移到另一片地方重新开始烧林。数年之后，等到原来的地方地力恢复再返回，又开始再一次烧林。只从大地上掠夺东西，却不增加土壤肥力，从这一点上说，这是典型的掠夺农业。

此外，用火这件事虽然原始，但火耕也算是具有工学性质的农业。

福建纪行

在那个遥远的年代，我们的祖先和自然的关系，仅限于破坏和掠夺。因为以前地广人稀，自然资源丰富，所以像火耕这样对大地进行"火攻"也问题不大。可以说人类是从火耕时代开始露出名为"智慧"的獠牙，并向大自然扩张到处伸手的，这是其他动物所不具备的本性。

火耕自然弊害繁多。比如山上没有森林便丧失了保持水土的能力，进而导致洪水和山体滑坡。当然，出现山火的危险性也很大。

据说如果反复进行火耕，大地就会荒芜，最终变得寸草不生。

这些是我一直以来的看法。现在确实也有很多学者对我关于火耕的看法表示赞同，认为"就是这么回事"。

但公众认为可靠的是研究者在上文这样的想法之上进行深入思考后所提出的完全不同的宏大推论。

村尾一行先生在《人类和森林的经济学》（都市文化社出版）中从林业的角度来理解火耕，并且逻辑缜密地论述了在日本这个国家，面积广阔的人工林（吉野林业或天龙林业等）基本上都是在烧荒林业的基础上形成的。

日本这种情况自然比不上东南亚等地因火耕带来的环境破坏问题。村尾先生对东南亚的现象是这么论述的，他认为本来"没有火耕文化的人们，可能是自发或者在外界的影响下进入山林，并且为了在那里开拓或是'耕耘'才放的火吧"。

此外，乙益重隆先生在《列岛的文化史2》（日本编辑学院出版部出版）的《山的神话及其他》中，对作为听众的坪井洋文先生说："在全国尝试调查了一下有火耕的村落历史后发现，这个现象一般都是在晚近时代才出现，大多数都发生在近世初期。但是只有九州南部拥有悠久的火耕历史。那儿的历史可以追溯到弥生时代[①]。以前柳田国男教授写过《海上的道路》一书，他在书中谈到稻作农业传播的方式并非如此浪漫。柳田先生所说的'海上之路'，不如说是火耕之路。"

还有福井胜义先生的《火耕的村落》（朝日新闻社出版）说明了日本的火耕在对待自然时的自律性和效率性，对于"为了让草木灰变成养分"这种普遍观点，既提出了科学上的疑问，也点明了今后研究的方向（土壤内细菌的活动等），让人受益良多。

上文是对于日本的火耕问题所进行的论述。其他的研究都是从火耕会改变地球的形态和生态环境这样的角度进行的。比如说打着国策的旗号，一些人使亚马孙雨林因为火耕而失去茂密的植被且无法恢复原状，这也是一个让全人类不寒而栗的问题。在吉良龙夫先生的《热带雨林的生态》（人文书院出版）中对于这个问题有详细说明。

在朝鲜，火耕的农民被称作"火田民"。

在日本，只把种稻谷的耕地称作"田"。而在中国和朝鲜，"田"这个字也包括了"畑"的含义。"畑"和"畠"都是日本自己独创的字，用来指种植蔬菜和杂粮的田地。可以说"畑"的火字旁是有暗示性的。

至于朝鲜的"火田民"，我们这一代是在小学地理中"朝鲜[②]"这一章里学习到这个词语的。

[①] 弥生时代：指公元前300年至公元250年，在绳文时代之后，古坟时代之前。
[②] 朝鲜：指的是朝鲜半岛，包括现在的朝鲜和韩国。

福建纪行

　　它给我留下了奇怪的印象。如果那个时候老师说"火田，就是以前日本全国都存在的火耕"，向我们说明日本和其他亚洲各国都存在火耕这件事的话，我大概就不会觉得奇怪了吧。

　　但是因为当时文化人类学和民族学尚未如此发达，老师们自己也不清楚，更没有相关书籍。

　　但事实上，当时还是有相当数量的火田民遍布朝鲜半岛。

　　朝鲜半岛在近代之前没有尊重树木的习惯。也许是因为这个原因，火田民的活动也十分频繁吧。有一张1939年朝鲜半岛火田民的分布图，从图上看可以说北边比较密集，南边比较稀疏。朝鲜王朝历代政府对烧林种地的禁令也谈不上严格，最多也就是十七世纪到十八世纪再三颁布禁令，虽然有政策但成效甚微。

　　毕竟朝鲜王朝还在从放火毁林后的土地上收税，对于火耕也就只能睁一只眼闭一只眼。而且在税率上，这样的田地要低于平地。所以贫苦的农民自然会选择火田。

　　从上文可以看出，在朝鲜火田民并不是当地的少数人群，而只是贫苦的农民罢了。当然火田民在社会地位上是被歧视的，但也不是那种很极端的歧视。火田民的形态也是多种多样的，既有真正意义上的、流浪的火田民，也有有固定住所但烧林种地（火耕）的人，还有既在低地有平坦的农田又时不时进山烧林种地的人。

　　我们可以认为在现在的朝鲜和韩国，火田民只有极少数，或者说基本不存在了。

　　我还想再讲一些日本火耕的事情。

　　我于1972年11月去了青森县的八户和久慈街道等地。那时，我在八户郊外的白桦林散步，当地人告诉我："那一带之前是火耕的地带。"

当时我还认为火耕是古代才有的事情，听到这话我十分震惊，仿佛偶遇了民间传说的主人公。

那个人平静地说，这种情况直到大正时代还有。

八户的商品经济进程发展很慢，直到江户中期才突然迎来经济发展的高潮。最初是从关西地区带着旧衣物的商人来到这儿，迅速发家致富后开始兼放高利贷。

被卷入市场经济大潮就意味着日用百货的价格变得和京都、大阪等大城市一样。一直生活在镰仓和室町时期经济水平下的自耕农们渐渐破产，用自己的土地做抵押向放高利贷的借钱，又因为无力偿还债务被剥夺土地。那些商人从经营贩卖旧衣物起家到放高利贷，还变成了大地主，把之前的自耕农变成自己的佃农，好像只是短短三十年内就出现的现象。

佃农没法填饱自己的肚子，为了弥补粮食的不足，他们想到了放火烧林来获得耕地。八户的山是丘陵一般高的小山岗，并且山上都是杂树。因为杂树卖不了多少钱，就算烧了它，地主也不会有太大的损失。

佃农把这些树都烧了，种上小米和荞麦等作物。数年以后地力耗尽就把地荒在那儿。

那个人说："从那以后在高地上种东西的话也只能种白桦树了。"说到白桦，和都市人会联想到时髦摩登不同，在八户，白桦树是贫穷和火耕的象征。

在那之后我得知，以放火烧山的方式拓荒的地方并不只八户一处，日本各处的山地中直到几年之前依然存在火耕。

比如，根据上文提到的福井胜义先生所著的《火耕的村落》一书所述，这个现象至今还存在着。最后一个火耕的村落在高知县，是一个叫作椿山的三十户左右的小村庄，这是个位于吾川郡池田町的偏僻村落。它坐落于四国地区最高峰石槌山的南麓，那一带还有平家逃亡者的传说，被称作"四国地区的西藏"。

那里山势陡峭，而且树林间的田地被石墙围起来做成梯田，网状的结构一直延伸到山顶。读着《火耕的村落》，看着书中照片的时候我发现，那儿的地形和我们钻入的福建群山惊人的相似。

但不同的是，高知县的椿山在梯田周边种植了密密麻麻的杉树，就算是烧荒的田地周围也会种上密集的杉树林。因为中国没有植树造林的传统，所以福建省的群山山脊棱角分明。只有这点是不一样的。

关于日本的火耕，还有一本好书（也许还有别的书吧，但是恰好我手头没有），是《山村的生活和用具》（安藤庆一郎、村松信三郎编，《民俗资料选集》，昭和五十六年，国土地理协会出版）。在此书中，记载了在被叫作"奥三河"的爱知县北设郡中，一个叫津具的村落的调查研究。

虽然津具村到了江户时期大概就不存在火耕的现象了，但难得的是他们把和火耕有关的古代文献留了下来。

这本书里说，津具在古代把火耕这件事叫作"sou re""ki ri ya ma(切山)""ka ri ya ma(刈山)""ya ma tsu ku ri(山作)""ha tsu ya ma(夏烧)""na ma re"。

古代文献是江户初期承应二年（1653）的东西，是津具村和根羽村进行"山论"的文书。山论就是相邻的村庄围绕共有山林边界发生的相互争执进而提起的诉讼，在江户时期时常发生。因为最后经常是领主或者幕府进行裁决，所以很多的诉讼文书被保留到了今天。

津具村里有一个名叫"善信荒"的聚居区。"荒"指的就是放火烧林开垦后的土地。以前有个叫善信的人放火烧林后开垦，此后在这片土地上形成了聚居区。

津具村以"善信"这个地名作为证据，声称那一带是自己村的共有山林。

在这本书里，善信指后藤九左卫门善心。在永禄年间（1558—1570），也就是织田信长活跃的初期，后藤善心是津具村的地侍①。好像在那儿还有像堡垒一样的城址。

在那份山论的古文书中写道：

> 津具村有曰后藤善心者，昔于堤旁浅滩烧地耕田。今其迹名曰善信荒。

从这份文书来看，我们可以得知从事火耕的不只是贫困的农民。在日本战国时期，虽是无名小卒但同时也是某个山村的领主这样的人物也会命令手底下的农民去烧林开垦。

这本书还用一篇条理清晰的文章对津具村的火耕方法进行了说

---

① 地侍：武士身份的一种，原本是以农业为生，属地主等当地有势力的大户，后因与大名领主等有主仆关系而获得武士身份。

福建纪行

明。从中我们意外地发现,烧林开垦实际上是一个需要耐心和细心才能完成的工程。

烧林开垦的方法据说有两种。

最普遍的一种做法就是,为了开垦田地首先进山,爬到乔木上砍下树枝,如果是灌木的话就从根上将其砍伐后放置,当年就这么放着以等待其干燥。

也就是说第一年只要把大树的枝干砍光,再砍伐灌木让其干燥就好了。

到第二年春分的时候再放火,但为了防止火势蔓延,要先在周围空出宽为三间半[①]的防火带,从山上点火,因为火势会向山下退窜,故也叫"退火"。如果判断此时没有火势不可控制的危险,就再从山下点火,这叫作"追立火"。两片火相遇后便开始灭火。如果放过火后土地上有几处未燃之地,那就把上面的可燃物聚集到那个地方再烧一次。火烧之后的土地因为有很多草木灰所以种植的作物长势很好。

根据这个记述我们可以知道如何点火其实也是大有门道的。山林烧成灰后不能马上播种,而要用锄头先简单地对地表进行开垦。

这种开垦活动也是从山下开始做,要做得十分细致。这个过程

---

① 三间半:日本古代长度的计量单位,1891年日本的度量衡法中规定1间约等于1.82米。

叫作"新垦"。

"新垦"结束之后,因为是第一年所以会播种小米、稗子和荞麦。好像是用散播的方法。播种完毕之后为了让土壤覆盖种子,再从上往下用土覆盖。这种耕作真的是十分的细致了。

第二年这个田地也是用同样的方法翻垦。第二年的田地大概可以种豆类或者是小米、稗子等作物。第三年的时候可以种萝卜或是豆类,但是收成减少。到了第四年就将其废弃。

还有一种方法只适用于土地肥沃的山地。从春季到夏季砍伐树木,夏末放火,在此之后播种荞麦。这样的做法叫作"夏烧"。

这本书也可以说是奥三河地区津具村的生活史。在古文书上记载了很多有价值的东西。特别是在下文讲述的明治十四年(1881)的文献中,可以看到烧林开垦和植树造林联系在了一起。

这份文书的背后大概有明治政府的指导吧。

明治初年这个村子好像把植树造林作为基本方针。当时村子把"造林"叫作"植树"。作为这个村子所立之法的《植树村法簿》在第十二条上明文规定着以下内容:"虽然没有提及私有林,但是对于共有林或是从政府承包的官有林,只有杂木林允许烧林开垦。"其方法是秋天砍伐树木,第二年的春天烧,然后播种大豆和稗子。一座山一旦被烧荒用作耕作的话,那么使用时间也只允许一年,第二年必须要种下造林用的树苗。在此之后火耕大概就不会再出现了吧。就连高知县椿山这样的地方,火耕也只是那里耕作方法中的一小部分,那里的三十户人家主要过着靠山吃山的生活。从照片上看,他们所种下的树已经成长为茂密的森林了。

从这件事情我们可以发现，为了在日本的群山上留下茂密的森林，尽了最大努力的是明治政府。

我们一行人仍然在福州东北部的山里沿着蜿蜒曲折的山路上上下下。途中可以看到有几座山上有烧林的痕迹，不知道这是出于开垦的目的，还是为了植树造林。但从整体来看感觉当地农户并没有积极地向着植树造林的方向发展。

8 对对山歌

从福州向东北行进的旅途中，有一百公里的路是在山里。

为了一扫旅途中的疲劳感，我们请小型巴士的司机在峡谷间的水田地带停车。那一带路还没有修完。路是红土路，只要站在上面就可以感受到自然的气息，深入骨髓。

路边的景色是一片宁静悠闲的田园风光。左边是山，因挖掘道路而裸露出的地表有着和道路相同的红色。道路的右边是陡峭的悬崖。悬崖的对面是山谷，中间有一片水田，远处流淌着闪闪发光的河流，水田里有牛在耕地。

路边的红土堆得高高的，上面还有一片松树林。

我们在松树林的树荫下小憩，看到坡道的下面那些赶往另一个村子的人们把行李放在竹扁担的两头，挑着扁担往坡的另一头走去。

佛教里面有"父母未生"这个词，我心头不禁涌起一种感情，感觉在父母未生以前的混沌之初，自己曾到过这里。

福建纪行

有人说："大家都是用扁担啊。"但是日本的扁担是用橡木做成的，本身重量就不轻，单挑着扁担就很沉，而中国人仿佛是一生下来就掌握了人体工学的原理似的，让扁担轻得不可思议。他们把竹子切成七十厘米长并将它竖着劈开。扁担弯曲而柔软，这样肩膀的负担便没有那么重。

在坡道下面的人群之中，有个十五六岁的小姑娘，她将行李分别放在扁担两侧走上了坡。她砖红色的上衣配了带花纹的衬衫，下身穿着灰色的裤子。头发稍微烫过，后面扎着辫子，前面刘海儿稍微遮住了一点额头。虽然还是一副少女的脸庞，却不失时尚感。

我们问她："你这是要去哪儿啊？"她回答说："到外婆家去住几天。"在她的随身物品中有一个精美的漆器，里面好像装着美味佳肴。另一个笼子里面装着一只活鸡。随身物品里面装着的都是只够她一人在外婆家吃的食材。

小姑娘很自来熟，但在一一回答了我们的问题后却突然间逃走了。当然，她一边笑着一边回过头来，好像在说着"这里面没有什么的，是很重要的菜，不是拿来卖的"。

"不——卖——"她按学校学来的标准普通话大声说道。大概是因为我们对扁担前头那个涂着红漆的容器太过于稀罕，让她误以为我们想要买里面的东西吧。尽管烫了头发，但会这样想，可见还是个孩子。

当然，她是汉族。

汉族居住在水田一带。

我们的目标是火耕的民族——畲族居住的福湖村。村子应该位于深山里吧。

我们以福州为起点，首先越过北峰，接着跨过岱江，从一个叫潘渡的村子开始向坂顶村出发，经过蓼沿、飞竹等山村，最后到达福湖村。

离山越来越近，最后被一条河拦住了去路。

我们又和岱江相遇了。虽然有"江"这个字，但是河流太小，水流太湍急，所以也叫岱溪，但和溪相比又有点大。河的宽度有四五十米，水量充沛，河水的颜色是如钢铁一般的青黑色，两岸全是山。

巴士在悬崖的路边上停了下来。

和我们同行的雷恒春先生指着岱溪对岸斜坡上房屋零星分散的村落和我们说："那就是福湖村。"

他大概四十多岁，是省文化局的主任，在巴士里他轻声地说了一句："我也是畲族。"

他的眼睛很大，双眼皮，脸颊上的肉不多不少恰到好处。他的嘴角透着点不愿服输的劲儿，给人一种女排教练的感觉，是一张日本职场上常见的骨干干部的脸。

畲族和汉族说不同的语言，但是姓氏不知道从什么时代开始，变成了中国式的传统姓氏。不过只有雷、蓝、盘、钟四个姓，而这一带的畲族只有蓝姓和雷姓。和汉族的风俗一样，同姓之间不能通婚。

虽然雷恒春是畲族，但当他坐在和他相配的会议室椅子上伏案书写时，丝毫看不出火耕的痕迹。相反，一直和雷恒春说话的松原正毅副教授更像是火耕的农民。松原和土耳其的游牧民一起居住了

福建纪行

好几年,在当地放过牧,这在全世界研究民族学的学者中也是十分少见的。

过河的船来了。

船好像是村集体共有的,划船的人是村里的两个年轻人,虽然船上有船桨,但是他们没有用,两个人都拿着青竹篙。

我们坐上了船。年轻人把篙杆一撑,船就离开了岸边。河流的流速和保津川①差不多。我坐在船边上把手伸出去浸入河水中,路途的疲劳也被水流带走。如果风景画里有河流或是湖沼的话,我们的心情就会变得平和,也许水的景色和我们内心深处的原始感情是紧密相连的吧。

船舷上有两根结实稳固的粗横木,粗木的韧性很强让人忍不住想去抚摸。中国的船无论大小都吃水较浅,这个小船也是如此。船是平底的,尽管是小船但是有着结实的船底板。有意思的是船尾铺有草苫,某种意义上形成了甲板室。因为渡河的小船不会长期航行,所以甲板室不是为了居住。大概是为了下雨的时候人可以钻到下面,防止淋湿。

中方有个人告诉我:"这是畲族特有的船。"

但是当问到船上哪个地方是畲族独有的特征时,他说了"和汉族是一样的"这样没有要领的话。他不是船的专家。

船在岸边停靠了。

山的坡度比较大。上面刻有网眼状的梯田。

---

① 保津川:日本京都的河流,流经岚山。

山麓好像形成了自然的阶梯。在阶梯上面有学校、村广场等公共设施。

突然响起了一阵掌声，我被吓到了。大约有十几个穿着民族服饰的少女和相同数量的脖子上系着红领巾的少年列队来迎接我们。

我从列队中间穿过。

我不擅长表演，小学的时候一次也没有上过学校汇报表演的舞台，所以我受不了这场面，就急忙从人群中间穿过溜走了。

同行的人责怪道："孩子们会失望的。"

"我可没有像孩子们这样的演技。"

一来到村子里的台地上，村里的人就聚集在我们的身边，目不转睛地盯着我们看。在这里，我看不到少年少女般的笑容。然后孩子们进行了迎宾的集体表演。

他们在一个二层楼房的楼上设宴款待我们。

明明只是想见一见火耕的民族，却不承想受到如此隆重的接待。招待我们的是罗源县有头有脸的人物。罗源县政协主席雷志森先生——是雷姓。于是我便知道他是畲族。副县长也来了，叫熊宽鸿，这个人是汉族。罗源县民族委员会主任蓝瑞森先生。蓝姓是畲族的姓氏。此外还有霍口人民公社管理委员会主任雷恒裕先生，当然也是畲族。

主客都围着一张大桌子坐下。

雷志森先生说："今天是清明节。"他这么说我才发现今天是四月四日。

在中国，自汉代以来就把春分后的第十五天叫作清明（意思是吹东南风的好天气）并且庆祝它。一家子会外出踏青、扫墓。说到这儿，来此地的途中我多次看到人们去田里的墓地祭拜、打扫的情景。在悬崖边遇到的那个女孩子，想必也是因为清明节才要去外婆家的吧。

没过多久就有戴着红色发饰的畲族年轻女子来给我们挨个儿倒茶。据说茶叶是昨天刚摘下来的今年的新茶。

雷志森说："大家的运气很好啊。清明是茶最好喝的时候。"接着又说："对我们畲族来说，把清明时候采摘的茶拿来待客是最高的礼节。"听他这么一说，我们的心情变得愉快起来。茶很好喝。据说茶树最适宜生长在光照好、多雾的地方。正因为福建多山谷，所以也是一个名茶产地。

不久又有几位戴着红色发饰的女性来到门口排成一行，还有几位男性对着窗口站成排，他们一起为我们表演了日本古代所谓的"歌垣"，但这在日本古代关东地区被叫作"嬥歌"。我们的古代文化和中国的稻作少数民族是相似的。

关于歌垣，就其最普遍的一种情况来说，是因为古代村落之间相互往来较少，比较封闭，只有在春季和秋季这两个时节，年轻的男女可以到山上和海边，和其他村落的男女混在一起，对唱歌曲。

男子主动向女子唱歌。女子有选择权，如果对那个男子不感兴趣可以选择沉默，如果喜欢就可以用歌曲来回答他，这样最终两个人就会结为夫妻。这也可以说是歌舞化的集体相亲，可以说是彼此得到理想的另一半的合理方法吧。

虽然不知道日本这样的风俗持续到什么时候，但是在文献《续日本纪》①上记载，天平六年（734）二月，在都城奈良的朱雀大路上举办了这种歌垣活动。圣武天皇登上了朱雀门参观了这个活动。男女共二百三十多人，其中有五人以上是"风流士"②。这可能表明了在都城，歌垣已经丧失了本来的意义，出现了演艺化的趋势。

但是汉族却没有这个风俗。

在古代文献里好像也没有这样的记录。

诸桥辞书③中查找"嬥歌"一项，有三世纪的诗人左太冲④为诗作的注："嬥歌，巴土人之歌也""巴子讴歌，相引牵连手而跳歌也"……

"巴"就是现在四川省重庆等长江上游地区，虽然古代有汉人移居此地，但是巴人是当地的原住民，和中原民族不同，语言相异。他们种植水稻，语言应该属于古代泰语族。从汉族文明来看，巴人的"嬥歌"一定是带有蛮夷色彩的。但是现在正是因其蛮夷之风，才成为文化。

畲族的男性歌手开始唱歌了。

他醒目的喉结在滚动，漏出了像丝线一般优美圆润的声音。可以说这是变声期前少年的声音，并且比它更细，像童声。至少不是像西方那样展现男性雄风的嗓音。

这个发声方法好像在告诉对面少女："我是少年哦。"

---

① 《续日本纪》：平安初期的敕撰史书，六国史的第二部。以编年体形式记述了697—791年间95年的历史。
② 风流士：表演戏剧、舞蹈的人。
③ 诸桥辞书：指诸桥辙次编纂的《大汉和辞典》。
④ 左太冲：即左思，西晋著名文学家，写有《三都赋》等，此文出自他的《魏都赋》。

福建纪行

也许畲族之前存在着对少女来说十三四岁的少年才最有魅力这样的文化吧。如果变声期结束，变成了成年人低哑的嗓音的话，也许对于少女来说就像是中年大叔一般，丧失了异性的魅力吧。

从本土人物原型的角度来看，日本也可以说是崇拜少年之美的国度。日本武尊[1]、桃太郎、一寸法师等神话或童话中出现的勇武的英雄人物，都象征着少年之美，或者说至少也不是像莎士比亚戏剧里出现的那种成熟男性的英雄形象。在实际存在的人物之中，源义经[2]在他牛若丸时期的少年之美令人印象深刻；江户初期参加岛原之乱[3]的叛军后突然成为战斗护法的象征的天草四郎[4]，也是少年。

说到少年，我突然意识到刚才畲族男子的声音只能用奇妙来形容。

我一边想着这些，一边又思考着：古代日本人在佛教的声明[5]和梵歌（印度的声乐）传过来之前，是用什么样的发声法来唱歌的呢？当然现在无从考证，也没法猜测。

当地把畲族的这种唱歌方式叫作"山歌"。虽然女生也为了回应男生唱了歌，但是却没有给我留下特别的印象。

在这之后，没想到我们还被招待吃了午餐。在吃饭的时候，山

---

[1] 日本武尊：第十二代景行天皇的皇子，第十四代仲哀天皇的父亲，是讨伐关东和九州南部的、日本古代史中传说的英雄人物。

[2] 源义经：日本传奇英雄，平安时代末期的名将，幼名牛若丸。

[3] 岛原之乱：指江户幕府初期（1637—1638），九州岛原半岛和天草岛农民与天主教徒反对幕藩封建压迫和宗教迫害的大起义。

[4] 天草四郎：本名益田时贞，后来改名天草时贞，是日本江户时期九州岛原之乱的领袖。

[5] 声明：在佛教举行的法会上僧侣吟唱的声乐，起源于印度。

上突然下起了大雨，并伴随着雷鸣。

吃完午饭，我走到户外，在那儿附近散步。从这片台地稍微往上爬点，可以看到一栋木头造的老房子。那个房子的主人也姓雷。

难以置信的是，这个雷家在清末出过四个举人，其中还有一人是第一名。

众所周知，科举制度从隋朝以来，一直到清末1905年废除为止，足足持续了一千三百年。清朝的科举考试分成三个阶段。初级阶段是在地方上应考的乡试，合格的人被称作举人。雷家兄弟四人全都中举。在房内的祠堂里有匾额，房外留有表明举人家身份的旗杆的插杆石，这些都可以算是证据。

尽管雷家人才辈出这件事令人震惊，但是科举考试中不乏少数民族的合格者这件事，让我看到了清朝这一少数民族政权不同的一面。

森浩一教授凡事想得很周到，他说："我们实在是太受村里人的照顾了，却没有什么可以拿来回礼的。"他又说："所以司马先生、陈先生你们写点什么吧。"我因为不擅书法又身无所长所以没有写，但是陈舜臣先生答应了。

陈舜臣先生是写诗的名家，在日本文坛无出其右者，尽管这点可能不太为人所知。大概在中国文联的作家中，也很少有人的古诗能写得像他一样好吧。

纸一铺开，他就拿起笔开始写。当然是即兴创作。

岱江滔滔响雷声，

福建纪行

云海苍烟路几程。

对对山歌无数梦，

福湖村里过清明。

诗歌的意思是：岱江江水滔滔，雷声轰鸣，云海苍烟，路程长远。一对对的山歌里藏着无数的梦，在福湖村里过了清明节。

畲族的歌垣有另外一个名字，叫作"对歌"。

用了这个"对"写成"对对山歌"，将音律和节奏形象化，是这首诗的一个高明之处。除此之外，在福湖村里闲适地过清明这最后一句，蕴藏着像俳句一样的季节感。

尽管是在山中，因为我们受到了如此隆重的接待，所以没怎么问放火烧林开垦这种不文雅的事。

最多也就听到"每年一月烧山，主要种植大豆。放火烧林开垦这件事，在古籍中叫刀耕火植"这样的话。松原正毅先生在吃午饭的时候也不忘抓住县里和村里的代表，不停地记着笔记。

在罗源县，有畲族三千零九十八户，一万六千七百九十一人，占全县人口的百分之八。

县里的人和我说"他们住在山里，各种条件都不太好"，因此给予了他们很多援助。确实，他们和住在水田地带的汉族村落结成了对子，互通有无。

那个说着"不卖"的女孩子所在的村子，也许也和畲族的某个村子结对子了吧。

9 过雷峰

福建人张和平,已经四十多岁了。

最初遇到他的时候他才三十来岁,有一双浓密的眉毛,个儿不高,娃娃脸,给人一种中学生混在大人中的感觉。

"家是福建省哪儿的?"

"德化。"说罢他又补充道,"也不是,德化再往里面一点。"

一般来说,谈话到此就结束了。但是我很想知道到底是什么样的环境才能孕育出像他这样纯粹的人,于是就接着问:"里面是哪里?"

"雷峰。不过这么说谁也不懂吧,这种偏僻的村子。"

"是山里面吗?"

"有老虎出没。"

据说至少在张和平的童年时期还有这种动物。据说甚至还有人被老虎吃了。

福建纪行

德化这个地名我大致有头绪。是山间的盆地,从古至今都是陶瓷的产地。但在我手中的地图上,却找不到比它还要往里的、一个叫雷峰的地方,而且还是在雷峰的一个叫长基的山村。

在那以后,我几次到中国,每次都和他见面,而他来日本两次,其中一次和我见了面。对于我来说,如果有人让我把对中国的爱具体到一个人的话,他的脸庞就会浮现在我脑海中。

有一年,他到我家来了,那个时候我和他说:"张和平,我想去你的村子。"话音未落,他就说:"不行。"这个人说的日语句子都很短。

"是因为有老虎吗?"

他使劲地摇着头说:"太偏僻。"

"这个地方太偏僻了。到德化还能坐巴士,过了德化就只能靠一双腿。货物都是用扁担挑,路下面是悬崖。"

"这样也无妨。"

我自问:"应该还有体力吧?"得到了"没问题"这个自答。我问:"大概要走三个小时吧?"

他嘴一歪,说:"十几个小时。"他的脸上有刮完脸留下的铁青胡茬,但这也是他的可爱之处。那是一张典型的福建人的脸。

张和平在念小学的时候新中国就已经成立了。在当时,虽说是小学,据说也不过是在雷峰长基村里像庙一样的房子里上课,老师只有一个人。这个人教他们中国古代的典籍。

那个时候他被老师要求去隔壁村义务劳动。他只身一人一大早就出发了,傍晚到了隔壁村。少年和平好像就是在那个时候,第一次知道了雷峰长基村以外的世界。

他敲开每家每户的门说:"我来义务劳动了。"但是却发现语言不通。福建省方言的多样性可见一斑。

因为老师和他说:"别带饭去。"所以和平的肚子开始饿了起来。他试着大叫:"请给我点吃的。"但对方只不过与他面面相觑罢了。

因为饿得受不了,他把话写了下来。

全村的男女都围在一起看他写的字,可是谁也不会读,最后派了个人去山那头的干部那儿,干部跑过来一看,写着的是:"我饿了。"

这个故事引发了我很多的感慨。

比如说新中国成立以前福建省的山乡僻壤的识字率只到这个程度;但同时也必须考虑到尽管是不识字的村子,里面也是有学堂的;还有这件事也告诉我福建省内方言有多么复杂;在邻村,用文字也是可以交流的;等等。

再进一步深入思考的话,可以明白汉语的作用。从公元前秦朝统一全国以来,汉语作为"共通语"有着深远的意义。

中国是文字的国度。

这句话一般用来赞美中国人写的名句。但是放在汉字的功能性这一语境下来说,如果没有汉字或者汉语的话,恐怕中国也不会统一吧。

如果中国的文字是和罗马字一样的表音文字,中国各地就会基于各个方言,在书面语上有所差异,就像欧洲各国一样,很有可能分裂成一个个国家。

从这一点上看,汉字是表意文字这点,实属万幸。虽然文字的

福建纪行

发音在不同历史阶段和不同区域都有所不同,但是却没有出现文字形态和意义的变化,汉字在"天下"各个角落都是通用的。

写下"食"这个字,不论是公元前的孔子还是三世纪的关羽,十五世纪的福建海盗还是二十世纪黑龙江省的渔民,都看得懂。其他文明是没有这样可以超越时间和空间界限的符号的。

——纵观中国历史,到底分裂是常态,还是统一是常态?这个问题,十九世纪以来就存在于欧洲的东洋学者中。从欧洲的语言和各国独立的经过来看,可以说产生这样的问题也是十分正常的。但是,中国有汉文和汉字。所以中国只有一个,而且可以认为这个概念是自古以来就一直延续着的。

说到统一中国,在秦以前的春秋战国时代,这几乎是异想天开。众所周知,把这个大胆的想法付诸实践的是秦始皇。这个皇帝和罗马人一样,为了维护统一,选择了走军事道路。与此同时,他还统一了文字,把秦朝之前全国各地存在着的、随意的文字进行了取舍和选择。

说一句题外话。有观点认为,"国家"这个词在秦的根据地——关中平原(现陕西省)被叫作"邦",在其他国家被叫作"国"。秦为了统一中国,将自己的方言和地域文字与意思相近的别国语言(邦和国)组合在一起留了下来。

总之,秦朝所创立的统一帝国,成为第一个吃螃蟹的人。取代秦朝的汉朝也理所当然地"统一"了。从那以后,尽管这个大陆时常四分五裂,但不久又统一了,并一直重复着上述过程。至少在秦以后,中国的政治思想都认为统一是正常的事情。

尽管因为地域不同语言各异，但是中国人却共有一种文字和一类书面表达方式（汉文）。

不论什么国家，语言都是一直变化着的。但是中国的汉文却不会轻易改变。正因如此，汉文不仅是书面语，还一直发挥着共通语的功能。基于这一点我们应该能够明白：汉文和汉字正是统一中国的基本要素。此外，科举考试是历代官僚制度的基础，其考察内容一直是依据中国古典典籍来写汉文的能力，这一点也有利于存续古文的命脉。虽说科举制度对中国文明有所阻碍，但在保持大一统上还是发挥了作用的。

张和平算是一个对古代经典有造诣的人。他的文笔也不错。对于日语，他喜欢读日本的文章，但不太擅长翻译。

我曾经问过他："张和平先生，相比于日语，你是不是更想研究中国古代经典？"他没有回答，只是报以淡淡的微笑。他好像是遵从领导的意思才去的北京大学日语系。

在张和平还是孩子的时候，雷峰还没有中学。

只有山下遥远的德化县城才有一所德化中学，而且在当时，就连这所中学的校舍也是借用了老旧的孔庙。

张和平来我家的时候，之前旅游的时候受他照应的森浩一先生和松原正毅先生，以及横川健先生也来了。松原先生是民族学家，所以想去雷峰的长基村。森浩一先生也表明了相同的想法。

张和平一直保持着沉默，然后大声说："那儿什么都没有。"

松原先生虽然不善谈吐但仍然不肯善罢甘休地说："张和平先生，什么都没有就意味着有很多东西啊。"他还说，民族学所说文化就是这样的东西。

"真的不行。那啥,用日语咋说来着?和猫很像但是比猫大得多的动物。啊,豹子,这个在山里也有的。"

松原正毅先生说:"有豹子出没也没关系。"张和平又将嗓门提高了八度说:"进村的道路只有一条,下面是又窄又深的溪谷,上面只有一根独木桥,怎么办?"他这么说着,又小声嘀咕道:"实际上最近又修了一条辅路,车可以通到村子附近。"他又说可能是因为新路隔断了森林,最近豹子和老虎也不出现了。当然,这也是小声说的。但是他还是固执地说着基础设施不足以迎接外宾。最终我们相互妥协,得出了去德化的县城远望雷峰的方案。

"德化没有酒店。"张和平一方面很为难,但一方面又说了"有招待所,这样可以吗"之类的话。

张和平说:"德化是陶瓷之城。"他的言外之意,像是说"陶瓷的话,不是有宋代以来天下第一的景德镇(江西省)吗?"。

"不过,和景德镇相比,德化和镰仓①、室町②时代的日本关系更为紧密。"

听我这么一说,张和平小声地嘟囔着:"真的吗?"表示了怀疑。当然我没有开玩笑。在镰仓、室町时期有很多知名或不知名的禅僧来到中国留学。他们主要的留学目的地是浙江省的各个寺庙,其中天目山各寺很受日本僧人的欢迎。

---

① 镰仓时代:指 1185—1333 年,因源赖朝于 1185 年击败竞争的武士家族平家以后,在镰仓建立幕府得名。
② 室町时代:指 1336—1573 年,因幕府设在京都的室町得名。

在这中间，有一个叫业海本净（？—1352）的日本僧人到天目山一个叫中峰明本的僧人那儿去修禅，继承了他的佛法后回到日本。我不知道业海是不是甲州①人，但是他受到甲州守护②武田信满的支持，在这个地区的东山梨郡的木贼山建了云栖寺。那是从贞和四年（1348）开始的，还是足利尊氏掌权的时代。同时那也是楠木正行③在河内的四条畷④和足利军交战战死的那一年。因为木贼山和中国的天目山很像，所以把天目山作为山号⑤。

业海喜欢用从中国拿回来的茶碗，把它取名叫"天目"。有说法认为从此之后，日本把这种浅底广口像臼窝一样的、用来喝抹茶的茶碗叫作"天目茶碗"。但是好像在此之前"天目茶碗"这一名称早就已经在日本流传了。

据说在宋元时期，这种样子的茶碗就在浙江省的天目山被当作日用的茶碗使用。到天目山的日本僧人非常珍视它，回国后就专用这个碗，并开始把它叫作"天目"。

但是这种茶碗不是在浙江省造出来的，而是在闽浙的山地中一个遥远的福建省的山间盆地里被烧制出来的。

日本在室町时期，大量进口福建产的"天目"。

四月五日早上九点，我们一行从福州的宾馆出发，前往"天目"和张和平的半个故乡——德化。据说全程有两百六十公里。

---

① 甲州：现日本山梨县。
② 守护：镰仓和室町幕府时期武士的职位，是各地的军事指挥官和行政官。
③ 楠木正行：日本南北朝时期南朝一方武将，楠木正成之子，致力于推翻镰仓幕府，维护天皇权力。
④ 四条畷：现大阪府大东市北条。
⑤ 山号：佛教寺院的称号。

福建纪行

张和平坐在小型巴士的后面，仿佛对这一"命运"已经放弃挣扎了。他和中方的一个人一直在讲话。

我听到了"我是和平族"这句话。确实人如其名，不论什么场合他都能保持着笑脸。听说"和平"这个名字是他少年的时候给自己取的。

他是德化中学的佼佼者，然后去了北京大学。在那个时候农村地区依然有去北京大学就等于科举考试及第这样的想法，所以可以推测当时位于深山的长基村的人们一定是很惊讶的吧。我们的张和平去了在海边的泉州，第一次看到了火车。他乘坐火车到了遥远的北京，却不想成了和故乡的永诀。生而为高才生，也有自己的忧愁啊。

毕业以后，他去了中日友好协会工作。虽然年轻，但已经是协会的理事了。

当然，中日两国官制不同。我冒着误译的风险打个比方，他的职位在日本来说大概相当于外务省的一等书记官。他在北京和一个女医生结了婚。夫人是北京人。

"我吃不惯北京的东西。"他为自己至今还不能适应北京菜而叹了口气。福建菜和日本料理很像，食材经常用鱼类和贝类，味道也很清淡。

小型巴士跨过了福州的闽江大桥，朝着遥远的西南方驶去。沿途的山谷和溪水很深，到处都能看到梯田。

途中在路旁休息的时候，对面的大型梯田隔着一条很深的溪涧，像屏风一样立在眼前，遮挡了我们的视线。张和平突然泪眼汪汪，说了句："和雷峰的长基村很像。"

再往前走，就到了山间的小盆地。盆地周围是水田。水田里有水牛。令人感到震惊的是，我们还遇到了送亲的队伍。

就算说是"队伍"，也不是那种缓缓前行、像示威一样的游行。男人们抬着新娘的轿子，挑着嫁妆，像是在搬东西一样。

我之前草率地断定在新中国这样的旧俗早就消失了。现在觉得在福建省，这种不会影响社会主义建设的旧俗还是被允许存在的。

在队伍的最末尾，身背黑包的年轻人吹着唢呐，这是这个队伍中唯一像节日游行队伍的元素。前头的两个年轻人都挑着扁担，扁担前后放着新娘的行李箱。他们的脸和姿态，都和张和平十分相似，仿佛是他弟弟一般。他们开朗地笑着，像朝气蓬勃的卖鱼小伙儿一般。在他们身后，两个人抬着一个衣柜，再后面就是用黄色和红色的布装饰的花轿。抬轿子的两根竹竿用了很久已经开始泛黄。前后各一人，他们一边保持着步调一致一边抬着轿子，不知道是出于什么由头，只有这两个人穿着有白色鞋带的草鞋。最重要的新娘被帘子遮住，看不见她的样貌。

我们在永泰一个叫樟城的地方吃了午饭，然后又驶入了山里。途中，山里突然下起了大雨，眼前出现一条叫大樟溪的山间河流，河水上涨着向前流去。

我们在下午五点半到达了德化县城。实际上在此之前，我们路过了雷峰的一部分。长基山在遥远的山的另一头，大概是因为阴云低垂，把它遮住了。张和平把自己的脸贴到车窗沉默无言，但不久又轻声地说："太遗憾了，再见。"

他是用日语说的。就算他想用故乡的方言说，但他也基本忘掉了长基这个村落的语言，平时就用北京话和日语生活。

那天晚上，和平换了一副表情到陈舜臣先生的房间去，向他求一首诗。刚好我在同一间屋子里。陈舜臣先生对着面前的信笺纸陷入了沉思，最终作了一首题为《喜和平君还乡》的七言绝句。

世务牵缠身不轻，
几年梦到德化城。
雷峰雨急樟溪乱，
难抚张郎怀旧情。

意思是张和平因为公务缠身，身上负担很重。他这几年间一直梦到回到德化城里，现在总算回来了。但是老家雷峰在山的那一头，因为下暴雨而看不见，脚下樟溪的水声和他的心里一样的乱。我们不知道如何安抚张君的怀旧之情。

"谢谢。"

张和平恭敬地收下了诗，马上把信笺纸仔细地折好放入口袋中。此情此景此诗，就算是放在唐朝长安的客栈里，当时的人们也能充分理解吧。

10 从年糕到铁

德化，是一座位于盆地的城市。

这座城市就像是秋日的天空落到地上一样，没有人大声说话，就连走在街上的行人也是静静地走着路。这是我早上散步的时候体会到的。

无论是在路旁的小土房里编笼子的老妇人，还是拉着板车的壮年男子，行为举止都恰到好处，有所节制。

我心想：这是工匠的城市啊。要论集市上商人们的声带运动，福州市场里的喧闹就足以让我心满意足了。单音节组成的汉语，适合大声叫喊。大声更能传达出意愿。随着他们的大声叫卖，仿佛连冬瓜、茄子、鱼都开始跟着大声叫起来。

另一方面，北京的政府所在地和住宅区很安静，时常可以遇到事情考虑得很多但话只说一点的人。

但是陶瓷之城——德化，却也不是北京那般的安静。

福建纪行

陶工们正在做东西。他们知道东西做不好，说一千道一万也无济于事，他们也知道成品就是最好的说明。不论是拉胚还是上色都不需要说话，还有一旦送到窑内点上火，成功与否除了交给老天爷外别无他法。

话虽如此，这个城市却没有产生像日本陶艺家那样的独立创作者。如果是创作者的话大概会在意自己作品的评价，离开自己的工作室和朋友围坐在一起的时候也会忍不住谈论自己的作品吧。陶工却没有这样的必要。

德化县城的人们，都或多或少靠着陶瓷吃饭吧。

来来往往的人中没有看见陶工。但是总感觉不论是卖菜的还是拉车的都受到了陶工们工作地点的影响。

昨天晚上很有意思。

我们住在了县里的招待所。

中国的招待所，放在日本就是商务旅馆一样的宿舍。

德化的招待所是一栋用砖（红砖）堆砌起来的简式小洋楼，食堂在二楼，床身涂了水泥，餐桌也像是手脚笨拙的工匠做的，感觉很粗糙，天花板上吊着一个昏暗的电灯泡。

这些东西让我感到安心。中国人对建筑装饰的传统喜好，在世界上也有着与众不同的美感。我一方面认为这儿是招待所就这样将就点吧，另一方面又觉得建筑和室内没有一点多余的装饰，不愧是工艺之城。这种不喜欢柔弱无力的装饰的审美意识好像空气一样到处存在着。

连县长郑来兴都长着一副陶工般朴实无华的脸。他剃着平头，穿着像工作服一样的绿色中山装。听说是张和平在德化中学读书时的同学。

刚一见面他就哈哈大笑起来并和我们握了手，好像在感谢我们把张和平千里迢迢带到德化来，当然这有点"反主为客"了。

我很感谢晚餐的饭菜。

我和妻子都是挑食的人，我们基本都只吃青少年时期吃过的东西，除此之外不敢有太大的冒险。

张和平不知道在什么时候注意到了这点，他好像提前给德化县县长打电话交代过。这桌上的料理可以说都是福建的乡土料理，但是总觉得和日本的家庭料理有相似之处。

还有一件像是张和平会干的事。

餐后，招待所的人说："我们正在做年糕，请到下面的厨房看看。"我们按照他说的到楼下去，厨房在另一个屋子，那里同时也是员工食堂。进入厨房后可以看到一条长椅子，人们开始在厨房的角落里做年糕了。

这个做年糕好像是特地为森浩一先生和松原正毅先生准备的，因为这不仅是二人的研究对象，同时他们也对人们的生活有着强烈的好奇心。不论去什么城市，他们都会近距离地观察那里的人和物，距离近得好像在舔他们一样；无论多小的博物馆，他们都会挤出时间，好像对展品紧追不放似的认真细致地观察着。也许张和平是觉得这两位幽默又令人喜爱，便把他们叫作"怪人老师"。福建的捣年糕大概会让这两位老师高兴吧。

令人震惊的是，福建做年糕的方法和日本一模一样。

福建纪行

御影[①]石做的石臼，带柄的捣杵。把蒸笼中蒸的大米一下子都放入石臼中，一个人捣米，另一个人用手蘸着水在旁边帮助他。在日本也是一样的。

蒸食食物的做法，尽管存在北非地区这样的例外，但好像还是"东亚地区非常有特色的烹调方法"。（石毛直道编，《东亚的饮食文化》，平凡社出版）

此外，用臼把食物捣碎这种做法，是人类自有文化形成以来就有的，可以说是远远超越中国、日本等国界线的事物。只不过每个国家的道具的形状有所不同。

在日本，做年糕的杵和臼的形状，随着时代变迁也发生了一些变化。

虽然我们脑海中可以浮现出月亮上的兔子捣年糕这个情景，但是兔子拿着的杵，不是带柄的"横杵"，而是垂直下落捣物体的竖杵。臼是中间较细的"细臼"。

但是现在不一样了，是带柄的横杵和上下一般粗的叫作"胴臼"的东西。

是什么时候发生这种变化的呢？三轮茂雄先生所著的《臼》（法政大学出版局出版）中简单明了地记载着："从古文献和画卷上来看，到江户中期以前只有竖杵和细臼。"

菅江真澄从江户后期的天明三年（1783）起历时七年写成了《百臼之图》。在这本书中，现在这样的胴臼才第一次出现。国学家菅

[①] 御影：日本兵库县神户市东滩区的一部分，自古以来以盛产花岗岩石材御影石著称。

江真澄是三河地区（现爱知县）人，但自从他三十出头的时候离开家乡，一生就再也没有回到过那片土地。

他对日本东北地区的文化有强烈的憧憬，去了北陆①、虾夷地②、奥羽③旅行，漂泊四十多年，留下了很多游记和关于地志、民俗的文章和插图。尽管他对于臼的调查倾向于把重点放在东北地区，但是《百臼之图》中近畿④和东海地区⑤的例子里已经出现了横杵和胴臼。三轮茂雄注意到了这一点，得出了在《百臼之图》成书的时候，在东海地区这些物品的形态已经逐渐开始发生变化的结论。

至于这个变化是否受到长崎的福建船或浙江船的影响，没有任何相关证据。只能说它们的样子和日本的很像。

特别是在我们眼前的这个石臼，不是我们平常见到的日本的水桶型胴臼，而是日本古代的细臼。

不知道有谁小声说了句："这个臼的形状有点不同啊。"其他没有什么变化。

年糕捣完了之后被放到草席上，其他三个人把它们揉成团，拉伸，卷起来，再放到木模子里成形。

我们拿了一块试吃，意外地发现它并没有年糕的味道。准确来说是没有日式的糯米味，只有米（粳米）的味道，当然这样子的年

---

① 北陆：指的是本州岛的中部地区面向日本海的区域，包括新潟县、富山县、石川县和福井县四县（一说为富山县、石川县、福井县三县）。
② 虾夷地：江户时期用来指阿伊努人居住的地方，是以现在北海道为中心的地区。
③ 奥羽：奥羽地方和现在日本东北部基本一致，包括青森、秋田、岩手、宫城、山形、福岛县。
④ 近畿：指本州岛中西部，包括现大阪府、京都府、兵库县、滋贺县、奈良县、三重县和歌山县。
⑤ 东海地区：位于本州中部面向太平洋的区域，一般指爱知县、岐阜县、三重县、静冈县四县。

糕也不黏。"

不知道是谁失望地说了一句："这不是年糕。"但是想了一下，这儿都是汉族人，并没有种水稻的少数民族。

居住在中国的山里面、比汉族更早（有观点认为）种植水稻的少数民族吃的是日式糯米做的年糕。他们用着和日本一样的杵和臼来捣年糕，和日本一样在吉日里吃年糕。据说壮族好像也有在吉日里制作并食用红豆糯米饭的习俗。

汉族就算是在种水稻的地区也没有这样的习俗。

本来汉族就不喜欢把饭做得黏糊糊的。饭煮好出锅的时候就一点也不黏了。水稻的品种也不是糯性的日本稻，而是干巴巴的印度稻米①。更何况他们和种植水稻的少数民族或者日本人不同，不喜欢把这种黏性固体化，做成糯米年糕。

在喜欢糯米年糕、喜欢糯性的日本稻这一点上（尽管也有其他很多的相似之处），中国种植水稻的少数民族和日本是一模一样的。

年糕在厨房的那个角落开始被制作的时候，虽然我也想过可能会和日本有所不同，但是考虑到德化位于福建腹地，所以还是期待着他们会做出少数民族风（日本风）的年糕。

我心想：中国把福建叫作闽，把福建南部方言叫作闽南话，但这只不过是在享受闽这个文字罢了。到最后还不是汉族自身的东西。可以认为古时候的闽人属于百越民族。壮族也是古代百越民族的一支，在福建的某个地方这两种文化有所重合应该也不足以为怪。但

---

① 印度稻米：长粒型籼米。

只从我们这次旅行的见闻来看，并不存在这样的重合。在中国的历史上，华夷之辨的想法曾在汉族中根深蒂固，其结果就是福建省的汉族继承了正统的汉族文化。

我在前文曾多次提到过，福建省在很久很久以前是一个叫闽越的非汉族地区。

秦始皇在此设置"闽中郡"，大概也只是名义上将其放入自己的版图内吧。秦始皇废诸侯，设郡县。福建闽江流域的闽越王，尽管只是形式上，但也算被消灭了。闽越王因此对秦怀恨在心。

我们很难知道，那个时候的闽越之地是什么样子的。

我们只知道这里曾有过一个叫"无诸"的王，他就是闽越王。因为这件事被记载在《史记》的《东越列传》中，所以可以说无诸是第一个载入史册的福建人。

闽越也属于越人一派，因为越人在三世纪的时候仍然带有浓厚的异族色彩，所以在汉朝初期的时候就更算异族了吧。

中原对古代越人的印象是喜好部族间的争斗、断发文身、种植水稻或以在河流和湖沼中打渔为生的人。顺便说一下，现在有很多越南人会自称"我们是中国史书中出现的百越的后裔"。我认为应该在基于现代史理解的越南的基础之上，更深入地发展有关越人的文献史学和民族学研究。

从年糕的事情讲到了古代越人（或者说是现在种植水稻的少数民族）。我的脑海里有这样一个设想，那就是在古代越人也和现在一样，和日本吃着同样的年糕吧。所以对于历史上在福建的那个叫作"无诸"的越人王，我怀着一种亲近感来思考他的事。

福建纪行

众所周知,在春秋时期,越人的最前沿(最北端)是领土位于现在浙江省内的越王国。他们的国王越王勾践更是有名。比他更有名的是他和邻国吴王夫差之间反复发生的苦心复仇的故事,而且"卧薪尝胆"和"雪会稽之耻"这样的词,仍然作为日语的谚语流传至今。

位于现在的浙江省的古代越国,在勾践之后过了六代就灭亡了。其中一部分人可能逃到了日本列岛上,带去了稻作农业。而也许另外一部分人回到了福建省,这个越人的故地吧。

无诸在闽(福建省)自称是勾践的子孙,被叫作"闽越王"。

"但是秦朝没有承认我的王位。"——这是无诸的怨恨。秦始皇死后天下大乱,无诸带领军队到了现在江西省的鄱阳县,投靠了一个被称作"鄱君"的名叫吴芮的头领。虽然在他转战各地的时候秦朝灭亡了,但是反秦势力的总帅楚地项羽不承认无诸的"闽越王"身份。无诸一气之下,投奔到另一方首领——汉地刘邦的麾下。刘邦在垓下之战大败项羽的第二年,册封无诸为闽越王。

以上是《史记·东越列传》的记载。我在此借用一下原文:

> 汉五年,复立无诸为闽越王,王闽中故地,都东冶。

虽然"东冶"这个地名现在不存在了,但是自古以来就清楚地记载着福建省闽侯县(福州市西北郊)的东北部被称作冶山之北。

从那以后,闽越王的世系虽然持续了数代,但是内部斗争也没断过。最后一个叫余善的王族争夺了王位自立为王,把国家起名叫"东越"。不久之后这个余善也灭亡了。

对于像上文这样的记载,就连我这种很信赖《史记》和《汉书》

的人，也因其是公元前发生的事情而感觉很难把握其真实性。

但是没想到在我们结束福建之旅回到日本后，在福建好像发掘到了闽越王（东越王）余善的王宫遗址。

1984年8月20日的《读卖新闻》（大阪）的晚报上刊登了关于这件事的"新华社电"。在读这条新闻报道的时候我心想：余善又复活了吗？甚至幻想出这个王的肌肤恢复了生前的血色，又从棺材中爬了出来的场面。

这个遗迹是在福州市西北部的崇安县被发现的。

据说这个遗迹是一个有相当规模的都城。遗迹总面积达四十八万平方米，四周的城墙是采用版筑法建造起来的。版筑就是用木板做模子，往中间填土，再一层层捣实的制造方法。上文的报道中没有提及城墙的出土状态，只是说至今都没有变形。

同时还发现了多处大型建筑的遗址，以及住宅区的遗址。

都城配备有完整的排水系统，排水用的地下管道也状态完好地出土了。

据说宫殿宏伟壮观，大堂、厢房、回廊等结构都配置齐全。总而言之，这个遗迹和古代中华文明圈内的都城是一样的。

大概那个时候闽越的老百姓还是身上有刺青、断发，和中原的风俗大不相同。但是根据这个报道，我们可以得知上层贵族的生活以及都市文化方面都吸收了大量的中华文明。

那大米和年糕又是如何呢？

是食用汉族那种干巴巴的籼米呢？还是现在仍留有越人遗韵的种植水稻的少数民族那种糯性大米呢？还是和日本一样的年糕呢？

这些事情只能等今后水稻粒的出土报告才能知晓。

有意思的是，在这个都城里面，发现了冶铁遗迹。

越人从勾践的时代开始，就被认为拥有和中原不同系统的、高超的青铜冶炼方法。

在那以后，越人地区的金属变成了铁。虽然在汉代初期，中国整体迎来了辉煌的铁器生产时代。但是从后世追溯起来可以认为在制铁能力方面，闽越地区的实力可能凌驾于中原文明圈之上。后世把福建地区生产的铁特地叫作"福建铁"，认可了该地冶炼的铁的上乘品质。总而言之，公元前闽越王余善的都城内已经有制铁设备这件事，实在非同小可。

一不小心从年糕就说到了铁。

11 天目茶碗

"天目"在日语中是很好听的词。它一方面指形状像小型臼窝的抹茶茶碗，另一方面其内涵也从本身的茶道术语外延到某个时代之前对茶碗的一般性称呼。

天目也出现在了从明治三十九年四月开始在《杜鹃》[①]杂志上连载的夏目漱石的《哥儿》[②]中。"遗传了父母的莽撞性格"的主人公到伊予[③]的一所好像叫松山中学的地方去教书，被淘气的学生们戏弄。文字中带有和主人公的出身、文化相符的东京人腔调。

在前去教书的那个乡村小镇上，"哥儿"是这么说的：

[①]《杜鹃》：1897年创刊的俳句杂志，因为夏目漱石在该杂志发表了《我是猫》《哥儿》等小说而出名，成为大正昭和时期俳句界最有影响力的杂志。
[②]《哥儿》：日本作家夏目漱石创作的中篇小说，写一个刚从东京物理学校毕业、生性鲁莽、没有人生目标的青年——哥儿，在父母双亡之后，离开江户，来到四国地方一个初级中学担任数学教师前后一年之间所发生的故事。
[③] 伊予：现日本四国地区爱媛县。

福建纪行

其他地方都比不上东京的万分之一,但温泉还是很好的。

这个温泉的原型当然就是道后温泉①了。在那儿有刚建成不久的公共浴场,还有三层楼的豪华建筑。主人公把红色的西洋擦手巾挂在腰间,每天在晚饭前出门。主人公生气地说:"总觉得住在这偏狭的土地就会变得心烦起来。"下面说一下关于温泉的一件事。

温泉上新造好了三层楼房。上等就是租借浴衣再请一个搓澡工,只要八钱②就够了。再上一等的就是让女人往天目里倒茶端上来。我一直选的都是上等的。于是就有人说四十元一个月的工资每天去泡上等的温泉太过奢侈。真是多管闲事。

"女人往天目里倒茶端上来",这难道不是句很好听的话吗?

但是在漱石这篇小说里,天目到底是什么呢?本来天目是茶碗的统称。如果直译的话就变成了"往茶碗(天目)里倒茶端上来"。就算是从莽撞的主人公嘴里说出来的,这句话也有点奇怪。

漱石所说的"天目"是指放茶碗的托盘一样的东西。在煎茶的器具里,把托着煎茶茶碗的托盘叫作"托子"或"茶托"。如果文章中倒的茶是煎茶的话,漱石所说的天目指的就是茶托。

总之,主人公大概是在嘲笑乡下人夸张的样子。

明治时期的文明开化,是以东京为中心发展起来的。东京这一"机

---

① 道后温泉:拥有三千年的历史,是日本三大古泉之一。
② 一元等于一百钱。

构"本身，就是进口欧美的思想、设施或是文物，再把它们配送到各地的巨大的"配电器"。

漱石肩负着这个任务。这部作品中的主人公也肩负着这样文明开化的任务。从这个想法来看，伊予的松山等地看起来还是落后地区。因为这就是那个时代的认知结构，《哥儿》就写了这样两种价值观念的差异。

"文化"里当然包含了传统文化。如果这样的话，伊予松山就是浸染着江户二百七十年武士文化、具有代表性的旧城下町①了。东京出身的漱石想必无法与这样厚重的历史文化底蕴抗衡吧。但是在明治时期，这种旧文化底蕴被贬低为丑陋无价值的东西，《哥儿》的主人公就是"配电器"。

他不仅来自"东京"，还"背负着"在物理学校学来的新学问而来。武士文化讲究礼节，所以连符合武士的礼节标准的姿态端庄的女人把茶碗放在茶托里端上来这件事都是带有乡下土味的，算是旧习。讲得难听点可能看起来还像是化了浓妆的江户女郎②。

但是，如果此处漱石所说的"天目"是指"天目台"的话，那这个情景就更加清晰明了地浮现出来了。使用天目茶碗的时候必须配上叫"天目台"的漆器托盘。如果这样的话，端上来的就是抹茶。尽管站在文明开化的价值观一面看松山是个"乡下"地方，但是从传统文化的角度来看它便成了拥有十分厚重的历史人文底蕴的城市。就连像公共浴场这样的地方，也用着天目台托着的天目茶碗。

---

① 城下町：日本以城郭为中心建立的都市。
② 女郎：即妓女。

福建纪行

那么让我们把话题回到天目茶碗上来吧。

天目茶碗的制作方法，随着时代变迁而发生变化。

天目茶碗是宋王朝（十世纪至十三世纪）的杰作之一。尽管这个王朝国力衰微，但是知识生产活跃，海外贸易繁荣，诞生了很多独创的文物。而且这些东西就诞生于福建省的各个窑口里，并通过福建省的水手们运输到全国各地。

福建给人的印象是像乡下一样土里土气的。但是如果人们知道是这个地方生产了天目茶碗的话，对福建的印象一定会有所改观吧。

在福建的历史上，宋代是它最先开始繁荣发展的时代。优秀的官僚、诗人、禅僧辈出，并最终诞生了天目茶碗，其中还有曜变天目、油滴天目等比宝石还要美丽的器物。

宋末是中国禅宗最后绽放光芒的时代。那时日本正处于镰仓时期。日本的禅僧们竞相留学。留学的目的地主要是浙江省的大寺院，特别是位于杭州附近的天目山上的各个寺院。在中国，禅常伴随着饮茶。因为天目山上的各寺庙使用的是福建产的形状独特的茶碗，所以把茶碗带回日本的、镰仓室町时期的僧人们就把这种形状的茶碗叫作天目。上文我稍微提到过这件事。

在镰仓时期，日本有茶而无茶道。

对于茶，在禅宗寺院存在着像礼节一样的行为。去中国留学的僧人，为了不忘师恩，在僧堂挂上老师的顶相（肖像画），每天早上跪拜，并非常恭敬地献茶。

这个时候使用的茶碗，一定是和浙江省的各个大寺院一样的天目茶碗吧。若非如此，想必顶相中的恩师会不高兴吧。因此只要有禅院,那儿就一定会有天目茶碗。天目茶碗就这样成了宗教的必需品。器物这东西有意思得很。

但是,僧人在给恩师的顶相献茶的时候,不可以直接把茶碗放到地板上。因此就把茶碗放到漆器做的、华丽的盘子上。这个盘子就叫作天目台。

就这样,从献茶的习惯开始,天目茶碗就不是单独使用的,而是一定要放在天目台上配套使用。

到了室町至桃山①时期茶道兴盛之后,天目茶碗和天目台还是被特别对待的,也就是被当作十分贵重的东西。

到桃山时期确立了日本自身独有的空寂茶②之后,情况就发生变化了。

在空寂茶中,气氛是艺术性的存在。空寂茶使用的茶碗是高丽茶碗③、国烧④茶碗、乐烧茶碗⑤等,虽然样式繁多,但都融入了这种新的美学形态。

必须要恭恭敬敬放在天目台上的天目茶碗,却没有融入这个美学体系。

---

① 桃山:安土桃山时代,1573—1603年之间,织田信长与丰臣秀吉称霸日本的时代。以织田信长的本城安土城和丰臣秀吉的本城桃山城(又称"伏见城")为名。

② 空寂茶:日本茶道的一种,起源于东山文化时代的书院式茶室风格,以空寂作为茶道基本精神,把日本茶道的精髓发展到了极致。

③ 高丽茶碗:16世纪中叶起日本茶道开始使用的茶碗的一种,原本是朝鲜半岛烧的日用品,后因日本茶道向清净淡泊的风格发展而被用来做茶器。

④ 国烧:茶道中把除了濑户内海烧制的陶器之外的陶器都叫作"国烧"。

⑤ 乐烧茶碗:乐烧称得上是桃山时代最具代表性的茶陶,最初是由千利休定型,京都的陶工长次郎烧制而成,是集中国的陶瓷技术、朝鲜的陶瓷设计以及日本的精神文化于一体的茶碗。

福建纪行

我对茶道的点茶技法什么的一窍不通。向专业人士询问了这些事，他们告诉我："天目的点茶，就算是学会了，一般情况下一辈子都用不上。因为只有向神和佛献茶的时候才用天目台托着的天目茶碗来进献。"

因为天目是给恩师的顶相献茶时用的茶碗，就这样直接升级用来给神佛献茶也是理所应当的吧。好像是从江户初期开始变成这样的。

就算不是给神和佛，也是对贵人①使用。使用天目茶碗和天目台的点茶叫作"贵人点"。曾经在浙江省被使用过的福建茶器，变成了了不得的东西。

我问："贵人大概是什么级别的人呀？"

"可能是从三位以上吧。不过不同的茶道流派可能有不同的解释。"

从三位以上就是公卿了。也有流派认为对比从三位地位稍微低一点的人也可以使用。但是好像这种情况的话要用不同颜色和形状的天目茶碗或天目台。还有流派认为，对于特殊的贵人奉上进行贵人点的时候，使用的天目台不是漆器，而是没上过漆的白色木台。

那么前文所举的《哥儿》的段落中，如果是"用天目台托着茶碗"的话（恐怕这个可能性很大吧），那作者的幽默感便通过这句话爆发了出来。主人公每天花着八钱的入浴费就可以享受像从三位或是其他的贵人般的待遇了。

---

① 一般日语中贵人的发音是 ki jin，但是茶道用语中说 ki nin。

"女人往天目里倒茶端上来"一句,既让人觉得是只有旧城下町松山才会有的事,同时这样厚重的古韵会让听着"丸之内的午炮"①声长大的主人公感到羞愧吧。

我们在福建省德化县的县城里。

旅游就是无止境地偶遇各种人、物和事。我不能老讲《哥儿》的事了,但是我们已经在天目茶碗的故乡待了一晚。从镰仓的顶相礼拜到近代漱石笔下道后温泉中"天目"一事,不知不觉中,我的脑海里思绪万千。

天目实在是太华美了。

我无法忘记之前在藤田美术馆看到的曜变天目的美丽。不只是曜变天目,油滴天目也很美,有着玳瑁般滑腻质感和光泽的玳皮盏天目也很好,灰被天目亦很不错。它们的实物当然很好,但是我们所接触的绝大多数都是照片。虽然通过照片来看茶碗不免令人扫兴,但对于曜变天目和油滴天目,反而是照片更能展现它们的美。

今天的传世名物基本上都是将军和大名的收藏品。这充分表明了对于将军和大名来说,用来接待贵人的天目是必须要收藏的物品。

中国文物的负责人苦笑着说:"曜变天目和油滴天目的好东西全都在日本。"但是中国和日本对此的需求是不一样的。

从上述的功能来看,日本从室町时代以来天目就是必需品,所以对宋、对明的贸易船不断地将它们带到日本来。虽然之前说过了,但是我还是要再说一下天目茶碗和空寂茶是没有什么关系的。它过

---

① 丸之内的午炮:明治到大正年间为了报时(正午)而打的炮,丸之内位于日本东京中心。

于华丽，离空寂茶讲求的精神相去甚远。

比如说在江户城内，担任高家（掌管仪式的负责人）的吉良上野介在某某间①中接待拜神回来的日光例币使②的时候就用天目茶碗。恐怕使用的就是那个被叫作"柳营物"③的光彩夺目的曜变天目吧。

曜变天目可以称得上是天目中的一朵花，而它全部都是在福建生产的。在宋代，福建省内有很多窑口都开展着生产活动。

关于福建的古窑址，1935年詹姆斯·普卢默④教授进行实地调查写下的报告书《天目》，现在已出版日语版（1972年，出光美术馆出版）。

另一本同名书籍《天目》（平凡社出版）的作者小山富士先生问普卢默教授："在古窑址中发现曜变天目的残片了吗？"他回答说尽管自己很努力地想要去发现，但是一片也没有找到。

曜变天目就是如此稀有的东西。本来曜变（耀变）也写作"窑变"。正如字面所示，它是由于火偶然之间的恶作剧而形成的，并不是刻意烧制出来的。即便刻意也是烧制不出来的。

所以如果偶然间烧制出曜变天目的话，窑口的管理者肯定会说："把它送到日本去。"因此所有的曜变天目都出口到了日本。小山富士先生在前面提到的《天目》一书中断言道：

---

① 和式住宅的一个房间，根据等级不同分为不同间。
② 日光例币使：奉天皇之命去日光东照宫（祭祀德川家康的神社）进献贡品的使者。
③ 柳营物：柳营是德川幕府的别号，德川家族的收藏品被叫作"柳营御物"，此处指日本仅有的三件存世曜变天目中最为知名的一件，被誉为"天下第一碗"，现存于静嘉堂文库美术馆。
④ James M. Plumer.

在天目中曜变天目自古以来就被推崇，但是传世的数量极少，只有在我国有几只，世界的其他地方都没有。

我们参观了德化县城中一个小博物馆，当然曜变天目等什么是没有的，就连天目茶碗也不存在。但是据说同志社大学的铃木重治教授在1981年参观福建省博物馆的时候，偶然赶上"福建省出土文物展"这样的特展，大量的建盏（天目茶碗）被作为宋代建窑古窑址中的出土文物展出。（铃木重治编，《中国福建省博物馆和出土陶瓷》，《博物馆学年报》第十五期）

据说单德化县内就有九十多座古窑址分散在各处。

我们去了离县城中心较近的窑址中的一处。据说是活跃在宋元时期的登窑①，于1979年被发掘。遗迹被取名叫"屈斗宫古瓷窑"。

这个登窑是利用山的斜面建造起来的，是长57.1米的大型窑。如果站立在低处远眺高处的话，有一种站在缆车始发站的感觉。在这57.1米之中有17个窑室，它们像倒扣的鸡笼一样排成一列。

根据加藤唐九郎所编的《原色陶器大辞典》中"德化窑"一项，好像这个地方的窑口和景德镇的窑口不同，和日本的登窑同源。

从中出土的残片有6700件。现在相同的碎片也同样出土于菲律宾和印度尼西亚，从这件事我们可以推断出当时的出口目的地，并能够想象当时德化窑的活跃程度。

窑的燃料全部都是松木。

---

① 登窑：将窑盖在倾斜山坡上，即倾斜窑，是穴窑的进化版，拥有产量大、每个窑室可烧出不同的质感等优点。

现在德化所有的陶瓷都是德化瓷厂生产的。进入厂内，堆在地上的松木柴随处可见。副厂长倪翠碧（女士）说："现在燃料还是使用松木，但是小的窑口的燃料除此之外还使用煤炭、电力和石油。"

据说她曾在厦门大学读物理化学，如今已经在这里工作二十年了。

"去年我去了日本。到了爱知县、岐阜县、京都等地。"

全部都是有陶瓷业的地方。

"有很多日本的年轻人可以说普通话，这让我感到很惊讶。我的福建口音很重，但是他们却能说标准的普通话。"

昨天我在自己的房间里因为疏忽犯了一个错误。我被房间里的桌子绊倒，摔了一跤，桌子上的茶具掉了下来。

那个桌子上放着的是四个小白瓷茶碗，在日本人眼里就像煎茶茶碗一般大。因为带柄，所以像喝咖啡时的小咖啡杯，杯壁非常薄。桌子高约一米，灰泥地板。但是杯子却没有摔碎。

我向倪副厂长说起这件事，在她度数很高的镜片后面只有微笑。

这个德化瓷厂生产出来的东西，基本都是白瓷，那个"小咖啡杯"也是如此，带有一种温润的透明感和玉质的光泽。以前的天目茶碗上施有一层厚厚的黑釉，但是现在却看不到黑釉了。

倪副厂长向我们介绍道："福建德化窑的白瓷起源于宋朝，明朝是鼎盛期，清朝也仍然繁荣发展着，但是到了民国就衰落了。虽然新中国成立后再次复兴，但是最初是从十个人开始起步的。釉药都是全天然的，大部分从县内采集。德化县内的瓷土储量丰富。现在产品远销亚洲、非洲、欧洲等七十八国。"

大家都称呼尾张（爱知县）濑户地区的陶祖为"景正"。他名叫加藤左卫门景正，也有人只叫他"藤四郎"。藤四郎这个叫法和"德球①"一样是略称，把加藤的藤和四郎左卫门的四郎连在一起就是这个名字。

关于他的出生地和过去的经历有很多种说法，这里就不说了。但景正在镰仓时期（宋朝）去中国学习制陶技术后回到日本，并在盛产陶土的濑户地区定居，积极地烧制陶器这件事却是可考的。有说法认为他是1212年去的中国。他走遍各地，最后去了福建并在那里学习制陶技术。

还有说法认为就是景正从福建带来了登窑这个大型装置。因为福建的登窑的形态和装置与日本的相似，所以一时间对此感兴趣的人们都相信了这个说法。

但是随着对日本古窑址的调查进展发现，江户初期以前的古窑址中并未发现登窑的踪迹。江户初期之前是穴窑②。

日本的登窑历史没有很长。在前文提到的加藤唐九郎先生的书中这样写道：

> 登窑是庆长（1596年—1615年）到宽永（1624年—1644年）年间从唐津③传来的。

那是江户初期。

---

① 德球：德田球一，日本政治运动家、革命家。
② 穴窑：利用斜面的地下式或半地下式来烧制陶器的窑。
③ 唐津：位于日本九州地区佐贺县。

福建纪行

好像中国的史料中并未出现景正去中国学习制陶技术这件事。但是中国的专家看起来很愉快地把这件事当作交流历史来讲。

这件事好像在日本的史料中有记载。我记得就连我之前去的九江还是哪儿的博物馆里，它们的说明文中也有景正来过此地这样的文字。

此外，在上海人民美术出版社编辑出版的《福建陶瓷》（日本版是《中国陶瓷全集27》）中一个叫曾凡的人写的解说里也说"福建的瓷窑产品不仅远销海外，也影响了各个国家的陶瓷生产"。作为例证，他写道：

> 比如日本的加藤藤四郎（注：景正）和道元禅师[①]一起于南宋嘉定十六年（1223年）来到中国，学会了福建黑瓷的烧造方法，回国后在尾张的濑户开窑烧瓷。

确实，自古以来在濑户等地有着景正（藤四郎）跟随道元入宋的说法。

我们可以从烧制的黑色瓷器中明显地看出景正去了福建。虽然他是否有到德化窑还难以知晓，但是因为景正是有强烈求知欲的人，所以我愿意相信他来过这儿。

只不过，好像他回日本之后就没有再烧制天目茶碗了。

但他烧制了茶叶罐。在前文加藤唐九郎编写的书中认为中国没有这种东西，这是景正独创的。

[①] 道元禅师：日本佛教曹洞宗创始人，也是日本佛教史上最富哲理的思想家。俗姓源，号希玄，京都人。内大臣久我通亲之子，系日本村上天皇第九代后裔。

景正没有烧制天目茶碗可能只是我的一家之言，但在镰仓和室町时期普遍认为天目茶碗得是"建盏"①这样的舶来品，且靠进口就完全可以满足需要，没有必要在本国烧制。

　　总之，《哥儿》的主人公凭着八钱的入浴费就可以拿起放在天目台上的天目茶碗，喝到苦味的茶。

　　正是因为伊予松山有着丰富悠久的历史文化，在那个时代才会出现这样奇怪的光景，但是在其背后久远的过去，还蕴藏着诸如上文所提到的各种历史情景。

---

① 建盏：建窑生产的瓷器。建窑位于今天的福建省南平市建阳区。

12 土匪与械斗

德化县城里有一所德化中学。

二十多年前，张和平从这所学校毕业。我听他说"建筑原封不动地沿用了旧时的孔庙"。

我们一边散步，一边寻觅着与其描述风格类似的建筑。

本应带领我们的张和平，却远远地跟在我们身后。这位有些腼腆的成年小伙子，不愿意走在我们前面。

万幸的是，一扇与其描述相近的大门，就面向着主干道伫立在那里。大门和武士宅邸的长屋门[①]结构类似，但是做工粗糙，是低矮的平房式建筑。木板墙上的刷漆早已剥落，木板也已然老朽。恐怕是清朝末年的建筑了。

穿过大门，昨夜的雨在校园操场上留下了水洼。

[①] 长屋门：门口两侧带有房屋的大门，房间多供下人或家臣使用，多见于日本江户时期武士宅邸。

校园的一角，包括长屋门在内还有几栋老式长屋[1]，呈"丁"形依次排开。

这些房屋虽然狭小，然而曾经的确是教室。清朝末年，当地的读书人在这里垂挂帷帐给孩子们授课的场景仿佛就浮现在我的眼前。

新中国成立之后，短期内这里也无法新建中学，所以一定是将这所孔庙中的孔子像等物撤走后，挂上了中学的招牌。

"德化是山城。"昨晚县长郑来兴和我们说，县里百分之八十二的土地都是山区，我想学子们便是从群山之中来到这所中学的。

张和平站在校园操场上，水洼里的水打湿了他的鞋子，脸上表情茫然。

"不对，孔庙没了。"

"嗯，孔庙去年（1983）就烧毁了。"

不知何时，一位自称校长的人走了过来。他戴了一副黑色镜框的眼镜，穿着打扮朝气蓬勃，向张和平解释。

"那可真是令人遗憾。"

我下意识地用日语做了回答，低下了头。

校园一端的高地上，已经新建了砖砌的教学楼和学生宿舍。

"那种高级建筑，当时可是没有的。过去都是木质。那时学校学生大概有……"张和平想了一下，接着说，"有五十人吧。"但是他又马上摇了摇头，改口说："不对不对，有三十人左右。"

张和平暂且放下伤感之情说："我们走吧。"于是我们离开了

---

[1] 长屋：日本住宅建筑，整体细长，各户共同居住，中间隔开。

福建纪行

德化。

接下来要去位于海边的泉州。我们在山里奔波了大约一百四十公里，终于驶到了海岸平原。途中经过了永春，虽然是在山间却是重要的内河港。

"永春。"大巴内，张和平嘴里念着嘀咕。

翻看地图，永春深处在大山里。一条叫作东溪的河水急流而下，从地形上看，河流经由永春所在的小盆地才变得平缓起来。内河港也一定是因为有这种条件才得以繁荣兴盛。

张和平说："山里的人和货，都汇集到永春坐船。从这儿到泉州港只要五十公里。"

"你过去也是从永春出发吗？"

"嗯，就从永春上船。"

张和平从德化中学毕业后，听从学校建议来到了永春。政府在这里举行考试，考中的人便可以就读大学。张和平就这样来到了直线距离比夏威夷和日本九州之间的距离还要远的北京大学。在永春考试成功，也就意味着与故乡的分别。

永春是如今永春县的县政府所在地。不光是作为商品的集散中心，永春还因为县内埋藏量丰富的铁矿而远近闻名，同时还生产竹制工艺品。

途中，层峦叠嶂如同大地的波涛，我们环绕而行。大多数山峦从山谷到山顶一带都开辟了一片片人工梯田。或许是上古时期造就的地形，形成罕见的狭迫山谷。在这种地形上逐渐构筑的农田，却令人感到与日本山间的农田景象极为相似。日本的田间土埂在中国被称为垄，但是中国的垄像茶碗的边缘一样细薄，这一点与日本的山间农田并不相同。

不久，山谷间逐渐开阔起来，我们来到了流水缓慢沉积而成的宽广地带。

"这里是码头。"张和平说。

永春县城就在前方。这里虽说是码头，却并没有多少建筑设施。我们请大巴车停在这里，爬到路边的小山坡上方便。

从山坡上放眼望去，对岸山丘顶上的建筑像是放哨的哨所。（是碉堡吗？）但转念一想，如果碉堡建在山顶上，一定会被敌方的炮兵炸掉。这个恐怕是针对土匪的军事设施。

如今，土匪已经不存在了。

但在新中国成立之前，福建省的山区各处都有土匪聚集，他们袭击村落，掳掠乡民，抢劫财货。

土匪，可以说是福建省有名的"特产"。特别是这永春县的山中，尤以土匪老巢而广为人知。

土匪一来，村民们就藏好财物纷纷逃命。

陈舜臣先生说："我们小时候，神户就有个永春人，美军空袭警报响的时候，那家伙跑得飞快。大人们经常开玩笑'那就是永春人，逃命逃惯了'。"

经他这么一讲，再从山丘顶上眺望四周，无论是群山还是山里人家，仿佛都笼罩了一层离奇的阴霾。

而且，在福建、广东两省，有着中国其他各省没有的"械斗"风俗（一说不仅此两省，还包括广西、江西、湖南、浙江各省。总之，古代百越之地有此遗风）。

在诸桥辙次编纂的《大汉和辞典》中，"械斗"一词有如下阐释：

> 互相拉帮结派，携带利器、武器进行打斗、斗殴。明清时期，中国南方最为盛行。

械，即指武器。但操持武器进行打斗称不上战争。战争有战争的目的，械斗则没有，可以说械斗本身就是目的。只能说这是从百越时期就流传下来的民族习惯，对于其他中国人或其他民族而言恐怕会难以理解。

但日本人却十分理解。

特别是在西日本各地，这一风俗一直延续存留到最近。村里的孩子集结起来，和邻村的孩子互扔石子、寻衅吵打，持续一阵后便平息，又像蚊虫群一样散开。

从古代到昭和初年，箱根以西的西日本地区，每个村落都有若众宿（若众组）①，算是当地风俗。男子达到一定年龄就要加入若众宿，达到适婚年龄后自动退出。这一风俗在波利尼西亚、印度尼西亚或密克罗尼西亚等地应该仍有留存。

而在朝鲜半岛、中国华北及华中地区则没有这一风俗。

至于萨摩藩②，就连武士阶级当中也引入了这一制度。在萨摩藩，武士阶级的若众宿会被称为"乡中"或"社"。每个居住地的

---

① 若众宿（若众组）：指日本传统地区社会中，由当地十几岁的青年男子结成的，传达当地规则、生活规矩的民间教育组织。

② 萨摩藩：日本江户时代藩属地，大致位于日本九州岛西南部鹿儿岛县、宫崎县地区。

领域（区划）内都有"乡中"存在，相互之间明争暗斗。赖山阳[①]在诗中称其为"健儿之社"。若众头又称"乡中头"。西乡隆盛[②]年轻时，就在其居住地南锻冶屋町的领域内担任乡中的乡中头。

古时候萨摩人又被称为隼人[③]。单是从武士阶层社会当中都存在若众宿一事来看，也能够理解为什么此地又可以被称为萨摩尼西亚了。此外顺便一提，萨摩藩既是主导实现明治维新的强藩，也因为后来萨摩藩出身的近卫兵[④]大举返乡，兴办私学校[⑤]，以至于在明治初期呈现出独立国家的形态而为人所知。

私学校，从严格意义上来讲并非学校。

只不过是过去每个居住地领域内的乡中，换上了私学校这一名字罢了，实质上依然是武士阶层的若众宿而已。可以这么说，萨摩藩每个地区都有以地区名命名的私学校，而管理他们的乡中头，就是陆军少将桐野利秋和篠原国干。而他们的总领袖，就是辞官归野的陆军大将西乡隆盛。

——私学校为何会发起暴动？

关于原因，我们当然可以找到种种理由。但是从民俗学角度而言，只能非逻辑性地解释为：因为是私学校，所以就发生了暴动。如果让中国华南地区的人来说明的话，"那是械斗"，仅此一句就足够了。

——西乡隆盛又为什么会被拥上了"贼船"？

[①] 赖山阳：1780—1832 年，日本汉学家。
[②] 西乡隆盛：1827—1877 年，日本江户末期的萨摩藩武士、军人、政治家，维新三杰之一。
[③] 隼人：古代日本萨摩、大隅地区经常与大和政权对抗的部族，以矫捷勇猛闻名，8 世纪后归附。
[④] 近卫兵：即天皇卫兵，日本陆军近卫师团的前身。
[⑤] 私学校：最初由西乡隆盛在鹿儿岛设立的学校，由枪队学校、炮队学校构成，招募培育无业青年。

福建纪行

一言以蔽之，因为西乡是总领袖。西乡自身并没有打算摧毁自己亲手参与创立的政权，也没有考虑过要成为反叛军的首领。如果他真的考虑过，幕末时期就应该发布制定具有西乡作风的政令、战略，然而这种事实际上他一点儿也没有做。西乡一手培养了这些少壮青年，又被他们拥立了起来，作为他们的首领，这自然是理所应当的。

以上是闲话。

总之，华南地区的械斗之风与日本的若众宿在古代应该有着深厚的历史关联。

江户幕末时期，幕府聘请了荷兰海军军官卡滕迪克（Willem Johan Cornelis ridder Huijssen van Kattendijke）在长崎教习海军技术。他在《在长崎海军传习所的日子》（水田信利译，平凡社出版，"东洋文库"丛书）里写到，长崎奉行所[①]对辖区内两町[②]之间大打出手毫不在意，令他感到十分不可思议。

据记载，该町与其他町，从与放风筝有关的小纠纷升级到了两地之间全町出动的大规模争斗：

> 打斗持续了好几个小时，没有受到任何阻拦。全靠町内有头脸的人物出面，劝解那些怒不可遏的青年，这才有总算消停下来的样子。

以上是日本人的情况，卡滕迪克在该书中涉及中国人时还使用了"爱吵架、打架的中国人"这一表达。这里恐怕说的就是福建人。

---

① 奉行所：江户时期掌管地方治安、民政的官署。
② 町：日本的街区划分，大致相当于中国的街道、巷子、胡同。

因为长崎港常有福建船只往来,而且在被称为"馆内"的唐人街上,居住的也多是浙江人或福建人。

这些"馆内"的中国人被长崎奉行所严密监视。但是当他们之间相互抱团大打出手时,奉行所却袖手旁观。对此,卡滕迪克也感到迷惑不解:

> 两三百个中国人从唐人街上涌到镇子里,在长崎引发了好几天的大骚乱,但是衙役们没有采取任何妥善措施好让他们回到规定的居住地。

奉行所应该是把这种争斗看作一种生物学上的机理,只要人们的争斗心耗尽,骚乱自然就会停止。

在永春的路边,陈舜臣先生说:"关于械斗,孙中山也写到过。"
孙中山就出生在械斗成风的广东省。他在《三民主义》的开头一章就感叹中国人没有国族意识,一般人民有的"只是家族主义和宗族主义"。关于家族与宗族的强大团结力,他说"因保护宗族,宁肯牺牲身家性命",并以械斗举例:

> 像广东两姓械斗,两族的人无论牺牲多少生命财产,总是不肯罢休。(岛田虔次译,《世界名著》中《孙中山·毛泽东》,中央公论社出版)

在日本若众宿与邻村的若众宿虽然发生争斗,但原则上是赤手空拳,即便使用武器也不过是木棍、竹竿、小石块,是不会用杀伤性武器的。这一情况或许自古如此。

我认为中国东南部古代百越之地的风俗，可能也是这样，但不知道从何时起，在福建、广东发展到了"不惜身家性命"的地步。上文提到的《世界名著》中，"械斗"的注释为："宗族（部落）与宗族（部落）间的武装争斗。古来尤以福建省、广东省为多。"真是简明易懂。

台湾的古代汉族社会中，因为福建人占据绝大多数，自然也有械斗的风俗。

为了我们的旅行，卢国松理事（福建省文化厅）一直跟随着我们，他年纪比我稍小一些。

卢国松先生祖籍福建，但卢氏一族代代久居台湾。卢国松先生自身也是生在台湾，在台北高等商业学校就读期间迎来了日本战败。

似乎卢先生家与陈舜臣先生的老家是邻村关系。陈舜臣先生说："路过卢国松家村子时特别紧张。"这与日本大正时期以前，年轻人去邻村的感觉别无二致。

中国没有像日本一样的若众宿。比如日本的若众宿在男女之事方面有着南方的豁达开放，但在中国，由于两千年来深受儒家思想影响，哪怕是宗族（部落）里的年轻人相互团结，也依然秉持着儒家的两性伦理。

现如今有错误的看法认为，在日本的村落中，存在着成人的等级组织。若众宿并不是这样的。

实际上年轻人结婚后就加入了成人的序列。而且，若众头和代表成人的村长在等级上相当也是一大特点。只是若众头如果结婚迈入成人的序列，也就变成了普通人。这与当前日本企业和工会的关系十分相似。

中国的宗族之间发生械斗，是不惜抛家弃产的，所以尽管发生武力冲突的是年轻人，可能还有其家长在背后出资解囊。在这一方面，我认为还是日本的若众宿更有百越遗风，但是这一假想并无根据。

旅行期间——四月八日——我们在厦门受到了福建省政府的盛情款待。

餐桌上，厦门市外事办公室主任柯栋梁——一位四五十岁的绅士，在得知同席的陈舜臣的夫人姓蔡之后，半开玩笑地低头说："柯姓的人，多亏了蔡姓人的保护。"柯姓是少数姓，据说遇到他姓宗族挑起械斗时，要逃到蔡姓家去。貌似是因为柯姓与蔡姓有这种同盟（？）关系，所以柯才要为过去（或许是他少年时）向陈夫人道谢。

新中国成立后，福建省内也常常发生械斗。不过现在几乎没有了。

在我看来，正是因为福建省有械斗的风气，作为其副产品的土匪才会在省内长期存在。同样福建省的海盗或许和土匪一本同源，但是我并没有想到能够将其严格理论化的依据。

不过就感觉而言，我想事情也许会是那样，心里也舒畅起来。

13 华侨的乡野和城镇

日本和泉国的堺市①，在奈良时代尚不闻名，直到镰仓、室町时代作为商业港口才逐渐兴盛起来。

室町时代是贸易的时代。堺市几乎一手撑起了贸易，其繁华让人联想到欧洲中世纪的帝国自由城市，其富庶程度则足以与京都分庭抗礼，甚至在文化方面也独树一帜，在公家文化和武家文化之外别具一格。

和泉国的堺市，通常全名叫作"泉州堺"。说不定是为了与贸易对象——福建省泉州港在地名上相称才有了这样的称谓。做买卖需要这种亲切感。

室町时代初期，南北朝②战争持续期间，堺市人当中有过一位叫

---

① 和泉国的堺市：和泉国是古代日本令制国之一，大约位于今大阪府大和川以南；堺市，今大阪府中部港口城市。

② 南北朝：1336—1392年，日本同时出现南、北两位天皇的分裂时期。

作"道祐"的人。虽然并不清楚他的职业，或许是富商巨贾，从名字上看大概还是一名禅修的居士。他出版了被称作"正平版"的《论语》（准确说是《论语集解》），故其名字在后世广为人知。当时的堺市不仅商业发达，工业也十分兴盛，甚至还存在日本最早的出版业。

中国、朝鲜、日本自古使用木版印刷，在这一方面遥遥领先于欧洲。但是佛教经典或儒教书籍的一般木刻印本却并没有广为流传，就连《三国志》这样的作品也大多用的是手抄本。

泉州堺的道祐便在这乱世之中，做出了日本史无前例的《论语》刻本。准备大量的木板，再在上面一点点雕刻阳文文字，想要完成这些工作，不仅需要巨大的财力，还必须要有广泛的市场需求。室町时代虽说是乱世，但全国各地农业生产力不断提高，也是平民百姓求知欲最早开始觉醒的时代。道祐的《论语集解》刻本遍布日本各地，在其卷末印有"正平甲辰五月吉日谨志"，也就是1364年。顺便一提，《论语集解》原书是由三国时期魏国何晏（？—249）所著。虽然该书应该早就传入了日本，但是道祐印刷的可能是在中日贸易中重新引入的一本。当时，日本方面想要进口的是书籍和美术品，堺港就像"丸善"[①]一样，是新来的文物的集聚地。

在堺市，印刷的不仅有《论语集解》，还有其他书目。《南山巡狩录》中就有明确记载。尽管该书成书是在后世（江户后期），但是作者大草公弼（1775—1817，江户人，日本国学家）治史严谨，收集史料考察精密，其记述应该可信。书中写到，当时堺市出版的《文

---

① 丸善：日本出版社，1896年创立，最初以进口外国书籍为主。

福建纪行

选》《韩文》《柳文》当世仍有留存。《韩文》即唐代韩愈的文集，《柳文》即唐代柳宗元的文集。

尽管《韩文》《柳文》都早已传入日本，但是随着持续的抄写传播，笔误应该也在不断积累。室町时代，重新印刷从中国舶来的书籍，对于当时的堺市而言无疑意义重大。

以上是书本的话题，但将其带入我脑海中的思绪还在波涛翻涌。

兜满了季风的戎克船（中国式木帆船）正向着遥远的日本堺市进发，船上，福建的水手们正在工作。这些戎克船扬帆起航的港口，七成是浙江省明州（宁波），三成是福建省泉州。《戎克——中国的帆船》一书于昭和十六年出版，在介绍戎克船的日语书中算得上是一本佳作。出版人和编辑都是小林宗一，但作者不知姓甚名谁。读其文章，给人一种精通中国史以及造船、航海方面知识的印象。

中国文明，对优良传统的继承是十分在意的。对戎克船也是，其结构、制作方法几千年来没有太大变化。

但是，这绝不意味着做工粗糙。自古以来，戎克船甚至就有近代船舶一样的水密舱壁，即使一部分船舱进水，海水也难以进入其他船舱。简而言之，其外形就像是竖着劈开的竹子，竹节各处就成了隔断。李约瑟教授的《中国的科学与文明》第十一卷中，写着这样的话："正是由于水密舱壁的存在，把戎克船和世界上所有传统船只区别开来。"

戎克船船底为平底，略带圆弧，而且船体呈流线型，整船也能够滑动着拉上沙滩。而且无论多大的戎克船，都能像横躺下的猫一样放倒在沙滩上，也就是说船底可以放平修理。江户时期的日本千石船①或西洋的风帆木船，绝无可能在沙滩上放平。

在这一点上，要说像船，戎克船给人的感觉倒更像是家畜。至少让人认为，历史上的中国人在人与船的关系上，让船更贴近家畜所具有的触感、功能，甚至性情。对中国人而言，戎克船一定十分可爱。

河面上也有戎克船在航行。

然而，或许是因为河水过于湍急，所以竹筏更能大显身手。虽然没能够在当地目睹，但据说从德化出口的陶瓷器，也是在永春坐上竹筏流向泉州的。

我们的大巴车，也像沿河而下的竹筏穿过永春，不久便来到了平原。

到了福建省的这片地带，各个村庄看起来都很富庶。

沿途无论哪个村庄，都能看见让周围的小房屋仿佛矮了一截的大宅邸。绣闼雕甍，飞檐翘角，正面豪华气派，不带一丝西洋风格，遵循着过去地主家宅邸般的传统建筑方式。

卢国松先生说，这些都是华侨的住宅。

华侨，在福建可是令人值得自豪的身份。各村各镇也因都有收到他们从国外的汇款捐资而广受恩惠。

这里庙宇众多。仅就沿途所见，现代建造的庙宇也为数不少。

"新庙，那是华侨捐建的。"卢国松先生说。

新中国成立后，佛教和寺院仍被保留了下来，但是道教则一度

---

① 千石船：能载米千石的大型日本货船，江户时期成为弁财船的俗称。

福建纪行

受到了批判。道教尊老子为教祖，当然，这只不过是后世借用了古代的思想家而已。

道教的建筑，是关帝庙和娘娘庙之类的庙宇和道观。新中国成立后，它们被转而用作了博物馆或仓库。但在福建，它们依然焕发着生机。

想来，华侨就是在他乡异域也延续了少年时濡染的祖国文化。故而他们没有受到祖国变化的影响，而当他们想起故国的文化时，象征性的庙观就自然在脑海中浮现。

我们请大巴车停下，稍微走了一段田间路，来参拜一所立在田间的新建庙宇。狮子等金色的雕刻装饰密布其内，还有镂雕的金龙。不仅如此，天花板与梁柱也朱漆靛染，匾额与柱身都带有阳刻的金色文字，无论怎么看都是祈求福禄寿等道教喜好的词调。

庙前摆放着一尊硕大的香炉，就连香炉上，也装饰有红底青龙这种新中国以前的中式审美。

香炉中的灰烬里，残香立满。可以说还是有许多人喜欢这所庙宇的。

"福建省保留了不少中国的旧习，还留着庙啊，给祖先上坟烧纸钱啊，新娘子出嫁的规矩啊……"某位中方人员在小声地说着。

有一点之前也提到过，就是福建省和台湾一衣带水，或许是出于安抚人心才特别加以顾虑。还记得我以前询问为什么不允许外国游客进入福建省的时候，听到了"因为是前线"这一令人颇感意外的回答。

因为是最前线，所以只有这个省份才能避开革命带来的文化观念的急剧改造。在外人眼中哪怕是微不足道的风俗,强制改变也会给人心造成意外严重的伤害。

台湾也有福建人。在台湾被称为"本省人"的汉族人几乎都是福建人,福建省和台湾的文化基础可谓同气连枝。

加之海外各地都有福建华侨,北京方面一定也考虑到了他们的想法,这才让福建省的旧习留存下来。

以上自不必多言,福建人本来就恪守自己的风俗,我们也并非感觉不到他们性格中的那份顽固。

这里可以用"缠足"来举例说明。缠足,是把优美婀娜作为女性美标准的时代的产物,以小脚走路弱柳扶风的女子为佳。

因此,在女孩出生后,从幼年时期开始就要把脚趾大力弯曲并向内侧缠紧,创造出一种后天畸形。关于这一风俗是从何时形成有着各种各样的说法,但一般认为是在十三世纪南宋时期遍及开来。缠足在二十世纪民国初年才逐渐禁绝。

总之六七百年间,把后天畸形加诸所有汉族女性身上的这一陋习,只有福建人和客家人与之合不来。

顺便一说,南宋之后,缠足即便在元(蒙古族)、清(满族通古斯人)外族统治王朝期间也在延续。不过,属于统治阶层的非汉族女性不缠足。或许是因为蒙古女性裹足后无法骑马,清王朝似乎也并不以汉族的这一风俗为美。

生活在山区的少数民族也不缠足,可能是因为缠足的话就无法走山路了吧。

福建省对于缠足的流行毫不在意。

福建纪行

人们常说"闽（福建省）无缠足"。福建人的一大特点，就是无论在山间、乡野还是城镇，都有妇女外出劳作的传统。缠足则无法爬到山顶耕耘梯田，也无法腰腿使劲缓冲扁担的颠簸，把货物挑到集市上去。

尽管有这种生活方面的理由，在缠足遍及全中国之时，唯独福建人不屑一顾，若不是性格顽固恐怕也难以做到。

我们的大巴车在傍晚抵达了泉州。

十二世纪前后，这里不仅是以"Zayton"之名响彻阿拉伯半岛及欧洲大陆地区的商业港口，同时还是穆斯林侨居的辉煌的国际化城市。可以说当时福建省的现金收入完全依赖于泉州港一地的繁荣兴盛。

然而，如今福建省的两千六百万人口中，居住在泉州的不过十几万。日本的泉州堺港因为大和川的泥沙冲积而变浅，与之相同，泉州港也因晋江的泥沙淤积而变浅，大船难以驶入。此外，也因为近代福州与厦门开港通商，泉州繁华渐失，现在所存的仅是浓郁的古都气息。

我们一行人进入了老市区，附近是市场，走进了新建起没多久的酒店，大厅内挤满了华侨游客。不一会儿，只听得"哟咿"（听起来像）一声吆喝，只见一位中年妇女护着弯成"へ"形的扁担两头的东西，屈伸着像弹簧一样的腰杆，闯进了前台。大厅内吃惊的人群纷纷让开了路。她没有穿着纤弱的中山装，一身黑色调的传统农妇打扮，戴着斗笠，像相扑力士一样的脚掌不断地踏着地板。她是和酒店有合约的保洁人员。

说起进出酒店的保洁人员，人们往往容易想到的是一副时髦的装束，但是在偏好传统的福建省，他们就像是集市上的卖鱼人，一副精神抖擞的面容闯入酒店中人们的视线里。（根本没有半点儿缠足迹象。）

一瞬间，我感觉自己好像理解了福建人的风骨。

顺便一说，这所新建的酒店叫作泉州华侨大厦，听说是华侨捐资兴建。也就是说，它和之前所提到的庙宇的建设历程是一样的。

14 异教徒

古泉州，也是马可·波罗的城市。

这里用"的"，当然并非表示这是马可·波罗所有，这个遍历了十三世纪的中国(元代)的威尼斯人在回国后口述了《东方见闻录》，而此书的发行让泉州的盛况得以在世界史上留下浓墨重彩的一笔。因此，在这层意义上，也可以说是"马可·波罗的泉州"。

从与之相同的意义来说，古泉州也是桑原骘藏[①]教授（1870—1931）的城市。

《蒲寿庚事迹》一书，被(羽田亨博士)誉为大正末年史学界的"一座重要的纪念碑"。

蒲寿庚，登场于南宋末年元朝初年（十三世纪），其人并非汉族，而是阿拉伯人或波斯人，以福建省泉州为根据地经营海上贸易，

[①] 桑原骘藏：日本东洋史京都学派代表学者，毕业于东京帝国大学汉学科。主要著作有《蒲寿庚事迹》。

积累起了庞大的财富。他的贸易对象是包含印度在内的南海各国，其商船队伍在海上声势浩大。比如在1274年，他就用自己的商船队歼灭了在泉州港附近出没的海盗。

顺便一提，1274年，也是马可·波罗通过陆路抵达忽必烈大汗的遥远的夏都——上都（今内蒙古境内）的年份。

桑原骘藏在与福建相关的地方文献中发现了蒲寿庚，这个蕃客（外籍侨民）并不是在边境地区，而是在宋、元时期属于中国内地的福建省内拥有巨大势力，桑原教授经过严密考证，终于追溯到了他的活动状态。

中国人喜好给外国人起一个像中国人名的三字汉文名。关于蒲（pu），桑原骘藏推测是来自Abou（Abu）的发音。Abou是"父亲"的意思，在阿拉伯人中算是相当多见的用名。

宋代，泉州当地的汉族人把主宰广东省、福建省洋面的伊斯兰海商称为"海獠"或"舶獠"。字里带有反犬旁。舶就是指"大船"，可以认为是能够漂洋过海的航船。单从"舶獠"一词，就足以联想到拥有装载货物的大船，和立在船头的彪形大汉形象。他们一般有着高高隆起的鼻梁和深邃的眼眸，一头浓黑或亚麻色的头发。这些人信仰阿拉，在金钱方面精打细算，具有很强的个人意识。

蒲寿庚就是一个这样的舶獠。

蒲家最早来到中国的先祖，是和他相隔六代的一位叫作蒲孟宗的人物。此人对中国文化熟稔于心，北宋1071年，博学多闻的他担

福建纪行

任了翰林学士。到蒲寿庚的父亲蒲任宾[①]这一代蒲家举家来到泉州，成为海商。

蒲寿庚不仅与其兄长共同继承了父辈的家业，还被任命为同南海诸国进行贸易的泉州港的"提举市舶"。也可以说相当于海关长一职，但好像权限要更大，是个能大把收贿的肥差。

自古以来，身为蕃客但是成为中国官吏的例子并不少见，特别是唐代，军队将领中非汉族出身者为数众多。到了汉民族主义开始兴起的宋代，在福建省还存在这种例子，这一点十分有趣。

无论是广州还是泉州，过去都有蕃坊（外国人居住地）存在。中国皇帝允许蕃坊实行自治，责任人称蕃长，也由中国皇帝任命。大多数蕃长似乎还兼任着伊斯兰教教义上的领袖，但蒲寿庚是否担任过蕃长并不清楚。只是他在富甲一方的同时还有官职在身，其势力之大，可见一斑。

我们来到了被认为是当时蕃坊的遗迹附近。涂门街上房屋鳞次栉比，其中遗留着古老的石砌的伊斯兰教寺院。由青黄色的花岗岩石材堆砌而成，从街上看外观像城堡一样。

在《泉州伊斯兰教研究论文选》（福建人民出版社出版）一书中，一个名字叫作庄为玑的人写了一篇题为《泉州清净寺历史问题》的论文。清净寺（或清真寺）并非只是一个专有名词，也泛指伊斯兰教寺院。

我们从狭窄的路上仰望着的这栋石制建筑（清净寺），关于其

---

① 一说为蒲仕宾。

建立年代众说纷纭。但在同一出版社出版的《泉州名胜古迹》中，记载为北宋大中祥符二年（1009），建立至今已近千年。

说起1009年，日本尚处于平安时代中期，是之后御堂关白藤原道长[①]担任左大臣，极尽荣华富贵的时期。年过三十的紫式部已经写完（？）了《源氏物语》[②]，清少纳言的《枕草子》[③]也已完稿。

蒲寿庚或许曾每周穿过一次的礼拜堂大门，其开口部上方是一高楼。高楼上有城池一样凹凸间隔的女墙，从地上看有一两米高。门扉锁闭。

"有其他入口。"中方的向导说着，便钻进了这所清真寺和相邻民房之间的空隙（铺石板的小巷）。旁边有一道便门。

步入其内，颇像西洋的城堡。

这么说或许不够严谨，因为欧洲的城堡是吸纳了伊斯兰教的城堡式建筑而构筑的，所以这一边才算是原型。这所建筑用花岗岩石材精心堆砌，没有一点多余的装饰，简洁而刚健。

回过神来，我们已经进入了内庭。

只有一片空地展现在我的眼前。虽说四个角落被石筑的围墙所环绕，却给人一种无垠沙漠的印象。因为福建省多雨，下面杂草丛生，但上方却一片通透，直连蓝天。真主就端居其上。

住在泉州的穆斯林一定都会聚集在这所礼拜堂，有的人可能还

[①] 御堂关白藤原道长：日本平安时代公卿，是摄关政治、外戚掌权的代表人物。或称御堂关白。
[②]《源氏物语》：以平安时代全盛时期为背景，描写主人公源氏的生活爱情，代表日本古典文学高峰。
[③]《枕草子》：清少纳言的随笔散文，主要是对日常生活的观察随想，取材广泛，开日本随笔文学先河，与《源氏物语》被誉为日本平安时代文学双璧。

会每天做数次礼拜。

我试着登上了塔。

每日晨昏,清真寺可能就是在这所塔上呼唤提醒人们要做礼拜。

站在塔顶,我想起了明朝的思想家李卓吾(1527—1602)。他在死后,被称为旷古未有的危险思想家。

其名曰贽,福建人,而且就出生在泉州府晋江县。家族世代为书香门第,他也跟从家风考取乡试,踏上了仕途。

顺便一提,中国皇帝在儒教上称受命于天。皇帝一方面就像基督教里的罗马教皇,同时也是宣扬儒教的主体。

皇帝视如手足的正规官僚,在弘扬儒教方面则与罗马教皇手下的神父有些相似。

然而,李卓吾本人是个异端。

也有学说认为其家族信仰伊斯兰教。

据说他们一族中既有与伊斯兰商人(海獠)来往经营贸易的人,也有穆斯林。至于他本人,即便不是受过割礼的信教徒,在异域宗教环境中耳濡目染长大成人一事应该不会有错。

果真如此,李卓吾少年时兴许也来过这所清真寺。

即使没来过,我也能想象到他在少年时期就形成了"思想(宗教)不止儒教"的多元价值观。

李卓吾二十六岁乡试及第,五十四岁辞官,之后四方漂泊,六十二岁落发。堂堂儒教士大夫成了佛僧,在古代中国社会让人感到荒唐出奇。但凡有人问起此事,就算是李卓吾也不敢说做了和尚,只说是"头痒",一笑了之。李卓吾年逾七十去往南京,三次造访了当时来到中国的耶稣会士利玛窦（1552—1610）。说不定他还向利玛窦请教过关于一神论的本质或者人该怎样生活等问题。

在此之前，李卓吾早已写成并出版了危险读物《焚书》。针对他的官方压制和来自儒家的排斥异常激烈，以至于他被称为"妖人"。当然也有赞成他的人，甚至还有人称他为圣人。也有人评价他"未必是圣人，可肩一狂字"[1]。

譬如——令人惊讶的是——他并不绝对地信奉孔子。

"天生一人，自有一人之用，不待取给于孔子而后足也"[2]，这让人想到近代的个人主义。李卓吾还是个禅学家。也可能是他把禅中所蕴含的个人意识，拿到了社会政治层面才有此心得。这一方面，也让人想到福建人中禅僧辈出的独特风土人情。此处较为棘手的是伊斯兰教的问题。在李卓吾的思想形成过程中回教发挥了怎样的影响？由于我对回教不甚了解，因而无法回答、验证。

另外，他认为应该承认人类本性中存在的欲望和功利性。这与他出生在泉州这一巨大的贸易都市想来不无关系。此外应该也有来自肯定私欲的道教的影响。

而且他还阐释了童心。

所谓童心，就是人在受到知识、习惯束缚以前的心，李卓吾把这份纯真抬到至高无上的地位。

他曾说："童心绝假纯真，岂可遽以为圣人经书为万世之至论乎。"当然，童心之中也包含了私心和私欲。否定、轻视人欲的现

---

[1] 出自李贽好友焦竑之语，见《明儒学案·卷三十六·泰州学案四·文端焦澹园先生竑》。
[2] 出自《焚书·卷一书答·答耿中丞》。

司马辽太郎中国游记

福建纪行

存儒家，让他来说的话，不过是迂阔空谈的假道学、伪善人。

而且稗官野史小说之类在中国士大夫间不受重视。李卓吾则反其道而行之，宣称毋宁说谈爱言情的白话小说才是流露童心的博大领域，还为《西厢记》《水浒传》《三国演义》写了评论。《西厢记》以礼教主张的陈规旧习同自由恋爱间的矛盾冲突为主题，《水浒传》和《三国演义》则是侠士小说。李卓吾重侠。儒教所说的五常（仁义礼智信）中没有"侠"这一德目。但是李卓吾对此却高度赞扬，把孔子和司马迁都看作侠义之人。他还认为侠士之间应当团结起来。他的思想无论在当时还是现在都被认为是王学左派[1]，但也有看法认为其思想是中国近代思想的出发点，是对中国封建制度的强烈嘲讽。

李卓吾辗转多地，七十五岁时，暂住到了首都北京附近。他因他的思想而被投入大牢，次年在狱中自尽。

他的《焚书》在明清两朝都是禁书，最终在中国几乎被人遗忘。

然而在江户时期此书经由长崎传入了日本。

幕末时期的吉田松阴[2]在萩城的野山狱中坐牢时，读到此书，深有同感，而这本书对激励吉田也发挥了重要作用，此事在日本广为人知。我在创作关于英年早逝的吉田松阴的作品《栖世度日》时，为了尽可能地了解吉田本人，还曾反复阅读增井经夫翻译的《焚书——明代异端之书》（平凡社发行），当时觉得自己对李卓吾稍稍理解了一点，但如今心中早已空空如也。大概是我与李卓吾相去甚远吧。

---

[1] 王学左派：明朝思想家王阳明的心学中的左派。
[2] 吉田松阴：日本江户末期政治家、思想家、教育家、改革家。明治维新的精神领袖及理论奠基者。

顺便一提，考证李卓吾周围环境中存在伊斯兰教因素的是叶国庆先生。他在1958年《李贽先世考》（《历史研究》）中指出，李贽家世中穆斯林众多，并推测其妻黄氏也是回教徒。

1983年，在福建人民出版社出版的《泉州伊斯兰教研究论文选》的"前言"中，罗列了泉州的伊斯兰姓氏，除蒲、铁、郭等姓氏之外，黄氏就名列其中。

我们在名为清净寺的清真寺中到处散步，不见其他人影。据说现在泉州的穆斯林有一万多人，都是阿拉伯人或波斯（伊朗）人的子孙。从这些信徒当中，选举出笃信虔诚、谙熟教理的人物，称其为阿訇（老师）。然而今日阿訇不在。

"阿訇好像去宁夏（中国西北部回族自治区）出差了。"中方人员。代替阿訇留在这里的青年在附近的工厂上班。不知是谁去喊了他。不一会儿，青年现身，自我介绍说："我姓黄。"与李卓吾的夫人同姓。他身材瘦小，让人觉得是地道的汉族人。但是，据说泉州城内仍然还有许多遗传了深眼窝、高鼻梁的人。按照黄姓青年所讲，甚至还有遵循斋月习俗的人。

出泉州城东门来到了郊外的田野，敞亮的田园中有一座丘陵。

这座丘陵叫作灵山。远看山下堆叠的花岗岩石阶分外美丽，登高回望，只见山前的田野形似海湾，景色着实令人心旷神怡。

丘陵之所以被称为灵山，是因为这里有古时候伊斯兰教圣人的墓葬。

登到石阶尽头，有一座屋檐呈中式风格的石庙，背靠山顶而建。一番周折抵达后，只见有两座状似卧棺的伊斯兰教石墓。

福建纪行

　　《支那回教史》一书（傅统先著，井东宪译）发行于昭和十七年，就在最近，原书店又改题再版（《中国回教史》）发行。

　　这本书中引用了福建的地方志《闽书·方域志》，记载了唐朝初年墓主人曾千里迢迢从阿拉伯前来传播伊斯兰教。

　　此事发生在唐王朝刚成立的武德年间（618—626），在日本史年表中还是圣德太子[①]摄政时期。而伊斯兰教先知穆罕默德卒于632年，所以这也就是穆罕默德在世时发生的事情。据说传教的四人中一人在广州传教，另一人在扬州，余下的二人便在泉州传教。我们能够用手触摸到的两座石墓下，曾在泉州传教的那两人正在此安息长眠。所以，石墓又被称为"圣墓"。上述《闽书·方域志》中的记载就刻在庙前的石碑上，只不过真伪莫辨。但是唐代穆斯林到来确有其事，唐朝末年藩客掌握海上贸易权之事也真实不虚。

　　在这山顶上的圣墓旁，我想起了伊斯兰商人蒲寿庚和思想家李卓吾。从中国的宗族血统来看虽然他们每一个都有些不同寻常，但考虑到这份不寻常若不在同一个熔炉中熔融，文明也不会普遍生发。

　　话说起来，在这所宏大的陵墓中，石阶、石栏等石建筑，在一片苍翠中都显得分外皎白，并没有让人感到岁月沧桑的暗淡青苔。我想一定是墓地中经常扫苔，而做这些的一定是泉州一万多人的伊斯兰教教众。

[①] 圣德太子：日本飞鸟时代思想家、政治家。大力宣扬佛教，遣使入隋、唐，引进中国的文化、制度。

15 话说《西游记》

在马可·波罗的时代,泉州在西方世界被称作"Zayton",前文已经多次提及。

Zayton,是树名。

海桐科,写作刺桐。"树似桐而皮黄白色,有刺"[1],从越南至中国广西、广东等地分布广泛。与古代越人的居住区域相重合。

然而并非整个福建省都适合刺桐生长,不知为何刺桐只在这泉州落地生根。据说是唐代修筑泉州城时,在城的四周栽种了刺桐。其花如三角梅般鲜红,晚春到初夏之间盛开时,泉州全城千红点缀,美不胜收,由此也得名"刺桐红花城"。

现如今,泉州市区内已无刺桐。

仅剩数棵在开元寺境内。

---

[1] 引文出自《本草纲目·木部二·海桐》。

福建纪行

开元寺，坐落于市区的正中间。

到达后，寺院的殿堂佛塔比我想象中的还要雄伟壮观，着实让我吃了一惊。穿过巨大的山门进入寺内，雨落了下来。

"这，就是刺桐。"张和平指着被矮墙围起来的老树。这是一棵树龄有五六百年的老树，树干粗到要三人合抱。与其说是树枝，更应该说像是分出的树干，粗壮的枝丫从树干上斜生横逸，成千上万，细枝末节更是不计其数，铺天盖地。今天是四月七日，却依然像是冬天的树一样，一副光秃秃的样子。

开元寺有两座有名的石塔。

东西排列，间距约二百米。

读观光手册，才知在建立开元寺的唐代，这两座塔还是木结构。后来被砖（烧结砖）塔替代。

到南宋时期，进一步变为了仅用花岗岩石材组合而成的石制建筑。建成于 1228 年后的五十年间。

马可·波罗 1290 年进入泉州，尽管他的书中同年就乘船启程返回故国，并没有提及开元寺，但他一定游览过这所大寺，目睹过这两座精美的五重石塔。

"我们去那座塔吧。"张和平在雨中催促。我们躲到檐下避雨，随后进入了塔身昏暗的第一层，感觉像是进入了阿拉伯或欧洲的石制城堡。把石头用作建筑材料，在欧亚大陆相当普遍。但在中国，在唐代使用的还是木材或砖瓦。石制建筑规模增加，是从宋代开始的。

——两塔相似，宛如姐（姊）妹。

这两座塔到了南宋时期转变为石塔，让人感受到其背后涌动着对外交流的浪潮。

中国无论是过去还是现在都有着作为文明滥觞的民族主义情节。但是文明在大多数情况下都是交流中的产物，难以想象这两座十三世纪石塔的诞生没有受到外来影响。更何况宋元之际，泉州还是国际大都市，印度商人和阿拉伯商人熙熙攘攘。认为这两座塔没有反映他们的石制建筑文化，这种想法才缺乏妥当。

近代以前的中国，在建筑文化方面确实有着不同凡响的实力。其木制建筑的确是独立发展，自成一派。然而砖的使用却并非中国独有，这一点可以说与西亚共通。此外，至于像泉州开元寺"姊妹塔"一样的巨型石塔，是在宋元时期通过西方的海上交流才逐渐增多起来。但是，关于开元寺的巨大石塔及其受印度或阿拉伯文明影响，无论哪一本观光手册都没有记录。我在当地买到的《泉州名胜古迹》里，像讲故事一样略微有所提及："东塔（镇国塔）修筑起第四层时，负责修建的法权和尚圆寂了。幸好法名天锡的天竺僧人①当时来到了泉州，继续负责修建，完成了最后的第五层建设。"而关于夹在其中的这段插话，使用了"这是一段中外人民友好合作的插曲"这种充满当代中国气息的政治修辞。今后中国需要尽可能地从诸如"人民友好合作"这种修辞中脱离出来，更多地以比较文化的观点看待自己的文明，我想这才是推动现代中国走向伟大的道路。或许如此吧。

不管怎样，这都是巧夺天工的石塔。同中国自古以来用木材

---

① 关于天锡和尚是否为印度（天竺）人存疑，有说法称其来自杭州天竺寺，或开元寺天竺院。

福建纪行

组合搭建的木塔一样,这座塔也是用石材组合构成的。另外,石塔中央存在芯柱,日本的五重木塔也是如此。芯柱也是石材的。据说四百年前,泉州发生了强度为 8 级的大地震,许多建筑坍圮,却唯有这两座塔屹立不倒。

"张和平,这塔身各层的外壁上,是否有浮雕?"

"有啊,我刚刚看到了。"

"那里有个猿猴模样的武将造像,据说是孙悟空的原型。"

为了确认,我再次走到外面抬头查看。无奈被雨淋湿,又走进了塔内。

我从小就喜欢《西游记》。

五六年前,我曾花费数周时间阅读了太田辰夫、鸟居久靖两位先生合译的上下两卷《西游记》("中国古典文学大系"31、32,平凡社出版),那段时间,我沉醉于它的乐趣。碰巧在那段时期,我正在坚持同时阅读十本小说作品,相比《西游记》,无论哪一本看起来都要黯然失色,乏善可陈。

当然,拿那几本书同《西游记》进行比较就好像是比较馒头和红酒,但作为读者,我的心里只有一个成像装置,所以不知不觉间被《西游记》所吸引。

仅从创作了《西游记》这般天马行空的奇思妙想而言,就足以说中国人伟大。但要说《西游记》的创作者是谁,却难以断言。

但在现代中国,作者却十分明确,即明代中期的文学家吴承恩(1500—1582)。我在写这篇文章时,恰好收到了 1984 年 11 月号的《人民中国》月刊,一读之下,在沈兴大先生的淮安(江苏省)游记中,写着"在淮安逗留期间，我们参观了明代小说家《西游记》作者吴承恩的书斋故居正在修复中的'射阳簃'。修复工程结束后，淮安又会新添一处名胜"。《西游记》的作者是吴承恩，此事没有受到一丝怀疑。正因为中国国家本身就如此确信，所以宏伟（通过复原图的想象）的吴承恩的书斋修复工程才得以开展。

把《西游记》的作者认定为吴承恩的，是胡适（1891—1962）。他是二十世纪中国的学问巨擘，因其在中国现代化过程中的功绩而广为人知。然而他是约翰·杜威的得意门生，是一位实用主义者。1946年，他从美国归来，成为北京大学的校长，但是两年后就离开了。

胡适有一篇题为《〈西游记〉考证》的论文，其中首次提出了《西游记》作者为吴承恩一说。

鲁迅（1881—1936）也在他的著作《中国小说史略》中将吴承恩当作《西游记》的创作者。鲁迅自身并非共产主义者，他对刻板的"左"倾势力持批判态度，但他一直保持品格立场。他死后，他的清白高尚成为新中国的精神支柱，毛泽东评价他为"中国的第一等圣人"。

胡适暂且不说，鲁迅说了作者是"吴承恩"，似乎把之后中国的《西游记》研究变得有些狭隘。

而在日本学术界，关于此事的研究可谓丰富多彩。在这绚丽多彩的众多学说当中，内田道夫先生却抱持着朴素的观点。在他的《中国小说的历史》（《致中国古典文学的邀请》，平凡社出版）中，他认为宋代的《大唐三藏取经诗话》就蕴含着《西游记》的前身，之后通过戏剧及其他形式不断得到发展。在这一方面，几家观点基

福建纪行

本一致,但是内田认为在发展中"加入幽默因素,增添比喻成分,恐怕是明代吴承恩的妙笔"。

神户外国语大学教授太田辰夫先生的研究较为谨慎。他不依赖文学直觉,用自然科学家一样的态度对待浩瀚的资料,在其研究过程中,作者为吴承恩一说悄无声息地隐没了。

太田先生的研究概要,在上述平凡社出版的"中国古典文学大系"中的《西游记·上篇》的"解说"中有所记载。

其中关键之一,可以说就是这泉州开元寺塔上的石雕。在新中国成立以前,似乎还没有中国人对这座塔进行过详细研究。

但是却有外国人做了此事,他是十九世纪二十年代在厦门大学教授哲学的德国人——古斯塔夫·艾克。他和戴密微[①]一起细致地调查了两座石塔,撰写了《泉州的双子塔》(The Twin Pagodas of Zayton)的研究报告,于1935年交由哈佛大学出版社出版。

书中最重要的,是收录了石塔浮雕的三百六十张照片。照片之中,就有据说是孙悟空原型但又疑点重重的浮雕造像。太田辰夫教授注意到了这一点,并且仔细进行了考证。

几年前,同太田教授的文章一起给予我知识层面快感的著作,是北海道大学中野美代子教授的《孙悟空的诞生》(1980年,玉川大学出版社出版)。作者从动物学角度调查了中国和印度的猿猴形象,继而从两国文明中古老的民间故事、神话传说里,查清了与猿猴形象(以及猪与沙悟净)相关的事物。作者甚至还研究了《西游记》

---

① 戴密微:1894—1979年,原名Paul Demiéville,法国汉学家。

中的地理学，详细调研了这本奇书成书的所有情况，查明了我们孙悟空的身世来历。换一种看法，也可以说这是二战后日本人开始想要拿"人类"做学问的学术性思维方式的成果之一。

后来，关于中野美代子教授的作品，只要我能见到就悉数阅览。短篇的有《造型之中的猴子》《〈西游记〉研究近况》等。

然而，我唯独不知道刊登于昭和五十八年九月二十七日至二十九日《东京新闻》上的《福建访猴记》上中下三篇。这次旅行动身前往福建时，同行的山形真功先生给了我复印件，让我得以在飞机上阅读。

根据这篇文章记载，中野美代子教授如同驾着筋斗云般轻轻松松，竟也来到泉州，现身开元寺，拍摄了武者形象的猿猴石雕。我当时一边阅读，一边感觉这次前往福建仿佛是去拜访孙悟空的故乡。

"好像不是这座塔（东塔），是西塔（仁寿塔）啊。"我一边嘀咕，一边为这雨而烦恼。比起在雨中步行两百米，站在下面努力去看或许看不见的"孙悟空的原型造像"，我更想偷个懒，纵情于中野教授的文章里。事情就此作罢。

顺便一提，虽然东塔开放，但是西塔并不开放。中野教授得到特许登上西塔，从第四层的开口部紧贴在墙面上拍摄了照片。

根据上述中野教授的《福建访猴记》的记载，昔日泉州还是国际大城市之时，从印度、阿拉伯乃至欧洲而来的众多商人曾云集此地。他们在此定居，积攒起巨额财富，兴建寺院，在此享尽天年者也为数不少。他们确实是为了贸易而来到泉州。文章记载：

福建纪行

买卖交易上的商谈固不用说,我更感兴趣的是他们和中国人都谈了些什么。

中野教授重视的,是不同文化背景的人们通过相互交流,从而带给彼此文化的影响。

在这位杰出研究者的大脑中浮跃出的,或许是当时印度人常常谈及的神猴——机敏多智的哈奴曼(印度史诗《罗摩衍那》)。而且,哈奴曼的浮雕也在泉州此地被人发现。抗日战争时期,阻挡日军进攻的城墙遭到破坏,就在那时,从构筑城墙的石头中,露出了明代的旧石垒。从那里面出土了刻有印度智勇双全的神猴的古石材(厦门大学人类学博物馆馆藏)。据说这一石雕"曾刻在泉州过去存在的婆罗门教寺院的门框石柱上"。根据中野教授所言,这个哈奴曼就是猿猴模样,证明其身份的一处就是他手持药草。这个哈奴曼的造像,在开元寺的西塔上,就成了披着中国式铠甲的孙悟空模样。

此外,中野教授还阐述了其他证据,但简而言之她认为《西游记》的原型,就诞生在泉州往昔的繁华时期。

在我写这篇文章的时候,福武书店出版了中野教授的《〈西游记〉的秘密》。只是没有收录《福建访猴记》。

按照中野教授所说,西塔第四层上有猿猴模样的武者造像一事,因上述艾克等人出版的《泉州的双子塔》在专家学者间声名远播,然而"奇怪的是,在泉州当地,此事居然丝毫不为人知"。说起来旅游手册里也没有提及。中野教授在福建之旅中携带了艾克等人的

《泉州的双子塔》的再版书,并把它呈递给了相关的文物工作人员。工作人员的反应似乎有些迟钝。如果伟大的鲁迅的学说反而成了研究的障碍,最先哀叹的或许是鲁迅本人吧。

16 陶瓷片和指南针

人类和人类的文明活动，宛如清风。如果没有对这些痕迹的记录，也就无从知晓发生过什么。

马可·波罗来到泉州是在元朝的1290年的事情，因而他目睹了当时可以称为世界上最大的贸易港口的繁华景象。

他在这座港口看到了舸舰成群、千帆林立，也目睹了来自海外的奇珍异宝和其他货物运抵卸货，以及来自中国的种种大小瓷器品装船运往全世界的场景。

"但是，泉州并非是由马可·波罗发现的"这种钻牛角尖式的反驳也可以成立。的确，早就有印度人、阿拉伯人和波斯人在这里，而且他们比马可·波罗到得更早，五百多年前就与中国往来活动了。

只是无数个他们仅仅开展商业活动，并没有人像马可·波罗一样写出《东方见闻录》。

即便没有言传文载，个人的印象、某一时期的文明，也不会全部随风而逝，物品会遗存下来。考古学这门麻烦的学问，就是要和静默无言的文物打交道。

——在埃及的故都，埋藏着唐朝末年中国的陶瓷碎片。

像这样的传闻尽管不多但也传遍了欧洲。当然，据说不只是唐朝末年的碎片，其后朝代的碎片也不胜枚举。

有不少日本的研究者在追踪通过船只运往全世界的中国陶瓷的去向。

在此方面着人先鞭的三上次男先生、小山富士夫先生，他们分别在1964年和1966年调查了埃及开罗郊外的城市遗址（福斯塔特遗址）。

三上先生的《陶瓷之路》（岩波新书）就是由此次调查写出的名作。出土陶片粗略估计多达六七十万片。其中中国的陶瓷碎片有一万两千片，为数甚多，时间跨度上自八九世纪的唐代，下至十六七世纪的清代。

唐代的器物，从唐三彩到越州窑都有，还有无论从美术上还是工艺上都达到中国陶瓷顶峰的宋代（十世纪至十三世纪）器物，如福建、广东烧制的青瓷、白瓷，景德镇或中国北方的成品瓷器，可谓丰富多彩。马可·波罗所处的元代（十三世纪至十四世纪）的青瓷、白瓷、青白瓷，以及不少"首次出现在这个时代的白地青花瓷（青花瓷）"（《陶瓷之路》）。马可·波罗关于泉州港盛况的描述，终于借此大放异彩。

这些陶瓷器物确实是上等制品，三上先生以唐代的制品为基准衡量比较了日本出土的陶瓷。

福建纪行

博多①的和平台球场的某地，被认定是奈良时代、平安时代初期鸿胪馆（国立迎宾馆）的遗址。从中出土了进口的唐代陶瓷的碎片，但那些碎片（越州窑瓷、黄褐釉瓷等）：

> 没有任何花纹，颇为粗糙，与远在福斯塔特出土的相比差距悬殊。这样一来，就让人深切感受到两者之间财力的巨大差异，规模截然不同。（《陶瓷之路》）

仅仅通过中国陶瓷的碎片也可以窥见，奈良时代、平安时代初期的日本国力，与七世纪上半叶穆罕默德出现以后的伊斯兰帝国的国力财力相比，是如何的贫乏。

无论怎样，从开罗郊外的福斯塔特遗址到中国的距离，是跨地球般的遥远。而往来运送陶瓷的，当然是船舶。

以下我想就船舶展开思考。

我们对世界史的认识是以欧洲为中心的。我并没有偏爱亚洲的癖好以至于要对此事提出不满，只是这样会有棘手的问题出现。

例如，"大航海时代"这一改变世界史的事情发生于十五世纪，但在此之前东北亚地区和中近东地区都进行过大航海。在欧洲，葡萄牙的恩里克航海王子②（1394—1460）成功建造了可以漂洋过海的多帆航船（卡拉维尔帆船）。而在此之前的欧洲，总体上只有能一边远望（眺望陆地）地中海、北海沿岸一边航行的船舶。

印度、伊斯兰世界、中国都有远洋船。特别是在伊斯兰世界，

---

① 博多：位于日本九州北部的福冈县福冈市，靠近日本海。
② 恩里克航海王子：也称亨利王子。

拥有比欧洲先进许多的航海技术，至少从七八世纪开始，其商船队伍就覆盖了西方的地中海、正中间的印度洋、东方的中国海域。

阿拉伯人的航海技术和对长途贸易的冒险心可谓出类拔萃。然而，船舶还要数中国的更为庞大，更为坚固。此事马可·波罗可以做证。

此外，在其他方面，十三世纪及以前的中国船舶其优越性也可圈可点。比如，船舵。

从某一时代以前的欧洲或阿拉伯的船舶画中一看便知，船舵并不像后来的船只一样装置在船尾的中央。在船体后部的两舷各有一支长长的棒状物体——就像拐杖一样——垂吊着耷拉下来。但是戎克船（中国船舶）在很久以前船舵就安装在了船尾中央。

接下来，说指南针。

磁针大致指向南北的这件事，在人类历史上首次被写成文章，是在十一世纪末北宋政治家沈括（1031—1095）的《梦溪笔谈》里。这一事情也经常被人引用。沈括说："以磁石摩针锋，则针常指南。"①

但早在沈括记述以前，指南针就在中国被用来测定住宅和墓地的风水。在薄木片或芦苇片上装上磁针使之浮在装有水的浅盘之上。

至于把这磁针从卜筮坟墓之物转变为航海道具的人是谁，就不得而知了。一般认为并不是中国的航海人，而是来到中国的阿拉伯人。我也相信，指南针通过这一路径最终传入了欧洲。

总之磁针作为指南针正式登场，是在中国的十二世纪。一般是

---

① 引文出自《梦溪笔谈·杂志一》，有改动。

用薄铁片烧制，急剧冷却使之磁化。将其轻轻地放置在盛水的盘子上指示南北。

1974年，在泉州海岸附近的滩涂中发掘出了埋藏的宋代大船。

为了收容这只大船还修建了海外交通史博物馆，而今它就被收纳在那里。我们这次旅行特意指向泉州，就是为了看这艘出土海船。

四月七日的上午，我目睹了它的风采。

次日，在酒店一层的会议室中，中方的文物相关人员特意前来，让我们得到了一个答疑的机会。

虽然难得拿到了答疑的机会，但是因为我个人海事史知识薄弱，没能有太大收获。

举例来说，现场出现了中世纪船舶使用的磁性指南针的话题。

中方人员谦虚地询问："有一种说法，说是日本给予中国航海技术影响的物品就有指南针，希望请您介绍一下实际情况。"

要回答这个问题，需要解释一下。

这里所说的"日本"，最好认为是倭寇时代（十三世纪至十六世纪中叶），"中国"则最好限定为明代。

阿拉伯人把中国人想出来的磁针传入了欧洲，这一被当作共识的见解也只是想象，并没有证据。南蛮船只到达日本，是在十六世纪。他们传来了铁炮，但并没有传来指南针。这是因为，十六世纪日本的船舶和中国的船舶，乃至欧洲的船舶都使用指南针，当时指南针并非稀有罕见之物，仅就指南针而论，十六世纪日本的品质更为上乘。

言归正传，我并不喜欢船。小学六年级的夏天，从大阪到淡路岛不到两小时的海路我晕船晕得要死。

我那时乘坐的船只橘丸号是世界上第一艘流线型（当时的流行语）客船，拥有艳黄色的烟囱，修长的船身。然而烟囱里并没有喷出滚滚浓烟。因为这艘船是当时难得一见的内燃机客船。

我在战争时期成长为青年。我曾一直担心，如果被征兵当了海军该如何是好，但幸好（？）我被编入了陆军。

像我这种讨厌坐船的人，四十岁以后的十几年居然都热衷于船舶。最初是因为《坂上之云》，虽说已经是十九世纪，蒸汽机时代的大海成为历史舞台，但我为了对船舶有基本的了解，还是从帆船时代的驾驶、航海或是海上习惯开始学习。关于海水、洋流或风的知识，供青少年使用的科学启蒙读物对我起到了帮助。另外为了知晓水手的习气，海洋小说是最好的入门读物。

虽然是纸上谈兵，但经年累月，知识储备也积少成多。结果在拿江户时期的北前船①撰写《油菜花的海岸》时，我也成了个像模像样的船舶粉丝。

在那期间，我受到了日本海事史学会的石井谦治先生、松木哲先生等人的不少照顾。

特别是日本海事史学会的创立人南波松太郎博士（1894—1995），我曾登门拜访过他在伊丹市的雅居，向其求教。

南波博士是大阪人。大正八年从东京大学船舶工学科毕业以来，历任造船厂技师、东大教授、神户商船大学教授等职。这期间，由他设计、建造的船只多达九十余艘，可谓名副其实的造船界大佬。

---

① 北前船：京都附近地区对活跃于日本海上从事海运的北国船（货船）的称呼。

同时他也是船舶史学家，还是日本老式木船时代的地图与器具收藏家，而且人也长寿。昭和五十九年庆祝其九十大寿之时，相关人员还以《船·地图·日和山》（法政大学出版社出版）为题出版了博士关于海事史的论文集。

我在登门造访之际，提到了曾经乘坐过橘丸号，博士还曾亲切地用船场方言询问我是何时之事。我刚一说是昭和十年的夏天，博士就说："啊，是下水后的两三个月。"我对博士的记忆力不禁愕然。

更让我吃惊的，是博士从口中说出"橘丸号是我设计的"。已然成为船舶粉丝的我，正对着令我讨厌坐船的橘丸号的"生身父母"请教问题。

接着说日本古时候的指南针。博士称之为"和磁石"。关于和磁石，除了博士发表在1966年出版的《海事史研究》第七期中的"和磁石"论文以外，是否还有其他详细记述（注："和磁石"在上述《船·地图·日和山》中也有收录）？

我带着对南波博士论文模糊不清的记忆，向中方人员结结巴巴地说明了论文的大意。

回到日本后，我又重新阅读了南波博士的"和磁石"论文，发现依然趣味不减。

我试着节选几段：

> 所谓的倭寇的八幡船[①]使用（磁石）确有其事，其初

[①] 八幡船：指日本室町时代末期到安土桃山时代，在中国和朝鲜半岛沿岸出没的日本海盗船。

期使用的是水浮磁针，但由于水浮磁针并不适合在海上使用，借由日本人的智慧，这才发明了适合海上使用的旱针。明朝万历时期（十六世纪七十年代）的书中，记载了在知道倭寇的船只使用旱针盘后，中国才开始制造旱针盘一事。只是因为其性能赶不上日本制造，所以后来明末清初时期日本对中国反向出口。

另外日本的磁针是用铁矿砂中的玉钢①所制，磁力强、带有永久磁性，这个小小的针经过一二百年时至今日，也仍然发挥着它的指针作用。向中国、朝鲜和阿拉伯出口也能令人理解。

此外论文还描述了使用刳木容器也是日本磁针的一大特色。材料主要是樱木，加工制作成"带盖子的木工容器"。承载的台盘中心有处凹陷，磁针就收纳在这里，然后盖上盖子。

南波博士收集的许多日本磁针，每个都与众不同，富有工艺性，非常精美。

话题偏了。

我想就此项再谈谈泉州的出土海船，但是纸页已被陶瓷碎片和磁石用尽了。

然而，通过这两种物品就能够充分地推测出，马可·波罗眼中的十三世纪的泉州港在世界史上的知名度了。

---

① 玉钢：制作日本刀用的，以铁矿砂为原料锻造的精钢。

福建纪行

17 泉州出土的海船

比起现在的泉州，我一直更想看一看古时候的泉州港。来到当地，我发现泉州城里，依然残存着日本中世[1]的锈迹。但是古老的港口是否遗留了下来？

我想不可能留下来吧。没有比港口更容易变迁的事物了。比如今天的堺市，也不会带有中世堺港的影子。

总而言之我们来到了泉州湾的海边。

过去的泉州港的确就位于这湾内。

港湾容纳了两川之水。一条是西侧的晋江，另一条是东侧的洛阳江。在福建有名为洛阳的河流可真是奇怪，传说皇帝唐宣宗登基之前曾经来过这里，据说皇帝说过"类吾洛阳"[2]，所以才变成了这么夸张的名字。

---

[1] 中世：日本史年代划分之一，一般指12世纪末镰仓幕府成立至16世纪末室町幕府灭亡期间。
[2] 出自明朝黄仲昭《八闽通志·卷之七·晋江县》。

从泉州湾的地形而言，晋江的河口靠近港湾入口，有风浪之患。而洛阳江的河口位于更深处，因而船舶必定选择在后者抛锚。

以下所言是全世界共通的问题，那就是在钢铁船舶出现以前，停泊中的木船都面临着船蛆这一大敌。

因为船蛆会在船底木板中穿孔缩居，所以一旦被这种虫子筑巢，船只就会受损，有时甚至几近报废。这种虫子既不生长在海水中也不栖息于淡水中。它们浮游在河口附近的海水淡水交混处，寻船寄生。所以无论东洋西洋，木船时代都是在淡水的河口内开设港口。泉州港也是一样。

我们穿过了低缓的丘陵地带，来到了能够看到叫作后渚码头（？）的地方。这里既可以称作是海水的泉州湾，也可以称作是淡水的洛阳江河口。水面开阔，可以望见对岸平缓的群山。几处海岬环绕河口（或港口），横卧在我们眼前。

有人和我说"这里就是古时候的泉州港"，我却感到迷惑不解。钢筋混凝土的码头、花岗岩的装卸广场，仅此而已，没有任何情趣。

细雨绵绵。眼前的码头里泊靠着两艘小型的铁船，船头上分别写着"闽海二二四""闽海一一四"。

尽管泉州政府机关人员告知我们"前方左侧是军港，请不要拍照"，然而左右远望都只能看见码头和水面，以及隐隐约约起伏的海岬，景致惨淡，甚至不见人影。泉州港进入近代以后就被厦门等港口夺去了繁华。

——Zayton和亚历山大都是世界上最大的海港。不知曾经如此赞叹此处的马可·波罗看到这幅光景会做何感想。

司马辽太郎中国游记

福建纪行

> 这里是海港城市，是满载奢侈的商品、昂贵的宝石、饱满丰润的优质珍珠的印度海船接踵而至的海港。而且这座海港还聚集了从此地周边延展开的蛮子（注：元朝对宋朝中国领地的称谓）各地的商人。总之，这一海港里各种商品、宝石、珍珠交易的盛况，实在是令人只能惊叹。集聚在这座海港城市里的商品，从此处被贩运至蛮子全国各地。（《东方见闻录》爱宕松男译）

真是激动人心的描述。

马可·波罗在十三世纪末回到威尼斯，他所口述的《东方见闻录》在十四世纪被翻译成欧洲各国语言，大受欢迎。

十五世纪，拉开大航海时代序幕的葡萄牙皇室的二王子佩德罗，他不仅喜欢旅行，而且还是一位地图和地理书籍的收藏家。现在一般认为把《东方见闻录》带到葡萄牙的就是佩德罗王子。他的弟弟恩里克读了这本书，为大航海做了各种准备。后来被称作"航海王子"的恩里克，在他的脑海中，泉州港的热闹繁华应该是一片五彩缤纷、人声鼎沸。

以上是以欧洲为中心的世界史，而阿拉伯世界、印度或中国，在远洋贸易民族阿拉伯人的主导下，在稍早之前（至少十世纪）就开启了大航海时代。阿拉伯人的航海者往来于印度西海岸，此外他们也和印度的航海人一同来到中国。

进入十二、十三世纪，中国的航海人也受此刺激，凭借戎克船向遥远的南海进发，同阿拉伯人、印度人在相互协调中确立了广大的商业势力范围。

令人感到奇怪的是,为何这一时期中国的航海人没能拿出更多勇气到达欧洲或"未发现"的美洲大陆。想必这和非外向的(或自我满足型的)中国文明的本质有着关系。并非中国人认为坐船不安全。

这一时代的中国船舶可谓世界顶尖的远洋航船,实际目睹并乘坐过的马可·波罗,在《东方见闻录》里描述的大意就是"阿拉伯的船只又小又简陋,中国的船只又大又牢固"("东洋文库",平凡社出版,详见该书第一章三十八页及第六章一百六十三页)。

中国方面的古代文献中,关于中国船只大小的记载也有二三。本来我自己对照原书逐一详查就好,但我决定偷个懒,请允许我参考平凡社版译者爱宕松男先生的精彩注释。

唐宋时代,中国人把伊斯兰教徒称为大食人。大食人的概念比较模糊,狭义上指阿拉伯人,广义上指穆斯林。因此,就连伊斯兰教徒的帕尔斯人(波斯人)有时也被加入大食人的行列。

不远万里来到中国的大食船只,是"不用钉线,仅以槟榔树须制绳缚舶,用橄榄糖修补船上损坏的地方"(唐末刘恂《岭表录异记》[①])的简易且粗糙的船舶。

换言之,乘坐这种简陋的船乘风破浪千里迢迢而来的大食人,不仅勇气可嘉而且航海技术十分了得。他们在很早以前就已经知道世界是一个球体,而且掌握了通过天文观测推算经度和纬度来获知自己船所在位置的方法。与之相比,十五世纪以前的欧洲,连远洋

[①]《岭表录异记》:又称《岭表录异》。引文出自卷中,有改动,其中槟榔树实为桄榔树,或为作者误。

福建纪行

帆船也一无所知，不过就是在地中海这个小水洼里，用桨帆船这种像蜈蚣脚一样伸出许多桨划船来前进后退罢了。

十五世纪以前的科学技术，中国和伊斯兰世界要更加卓越。只是，在那之后，他们满足于自己的文明停滞不前。而不满足于自己文明的欧洲，从十四、十五世纪开始突飞猛进。

总而言之，相比伊斯兰的船只，中国的戎克船更为坚固和安全，而且能够承载大量的货物和人员。

"恐怕谁也想象不到，那可真是大家伙。"兴许马可·波罗曾手舞足蹈地描绘过中国船只的大小。他被投入热那亚的监狱中时，比萨的小说家鲁斯蒂谦把他的口述记录了下来。这就是《东方见闻录》的最初版本，但在当时却被当作一种怪闻奇谈或吹牛大话。而如今马可·波罗对于事实的准确认知能力和书中许多的部分正被逐渐证明。

有关往来印度的中国船只的大小与结构，也实际证明了他所言非虚。从我们所站之处距此不远的滩涂上，就出土了比马可·波罗稍早时期的南宋末年（十三世纪）的中国船只。

这艘船只于一九七四年被发掘出土，现今收藏在泉州的海外交通史博物馆。为了保管展示一艘船而修建博物馆，在当时可以说是全新的博物馆思想。

当然，这也是因为这艘船自身就有着足够的价值。船，是一种会消亡的事物。在日本，一直活跃到十九世纪的千石船一艘也没有存留下来，至今其结构的细节部分仍不得而知。

——去泉州，不去看看出土的戎克船吗？几年前，神户商船大学的松木哲教授热心地劝诱我。但是我因为另有安排所以没能成行，松木教授和日本海事史学会的石井谦治先生一同到泉州住了一晚，只看完博物馆就回国了。当然是以个人的身份，自掏腰包。

博物馆方面的接待，是禁止拍摄照片的，似乎难以称得上热情，我后来听到后不禁为中国的学术感到惋惜。这几位在日本也是百里挑一的海事史学者，我从远处旁观也感受到中国方面似乎对交流有些不敏感。

这次，虽然我姗姗来迟，但也造访了这座海外交通史博物馆。

我得到提醒，说"照片拍摄粗略部分的话可以，但细节部分不行"。从松木教授一行人被完全严禁拍摄来看，可以说算幸运吧。只是，我是个门外汉，即便看细节也是完全不懂。石井谦治、松木哲等包括现代之前的船舶研究学者们一张照片也没能拍成，就怅然与世长辞，我为两国的学术交流再次感到惋惜。

一进博物馆，我就被震住了。楼梯下方，满满地铺展着一艘出土戎克船的黝黑躯骸，比想象中还要气势磅礴。

博物馆的构造十分精巧。在楼梯下方可以看到船舱和船底的细节，登上台阶，来到中间二层的回廊，从那里还可以大致俯瞰船头、船尾等船身整体。我总是想，在博物馆的教育功能这一方面，中国在全世界也可谓名列前茅。

只要看到这艘船的躯骸，人们就会明白马可·波罗的《东方见闻录》中第六章第一百七十三页关于中国船只的记述，是多么的正确：

　　这些船舶的制造如下。首先船体材料使用枞树或松树。

福建纪行

甲板是第一层，甲板上通常有六十间舱室，每间舱室可供一名商人舒适地生活。船舵一副，桅杆通常有四根，但往往在此之外，还会按照需要预备两根可以自由拆装的辅助桅杆。而且大型船舶，会把结实的木板牢牢地拼接在一起，在船体内部打造十三个水槽即十三个舱房……（着重号，作者加）

我想请诸位详看加了着重号的部分。横陈在我们眼前的泉州船，和马可·波罗所说的一样，也拥有十三个舱房（船舱）（这里应该用感叹号）。

上述的引文中，"十三个水槽，即十三个舱房"里的"水槽"，本意并不是所谓的水槽，是万一出事的情况下，能够成为水槽。这里的万一是指一旦发生什么冲撞，从那个地方开始进水的话，能够把水只留在进水的船舱中。马可·波罗的所述如下：

水手立即确认裂孔的所在，就把那间船舱里的物品一件不漏地全部转移到隔壁舱中，把海水涌入的船舱挪空。由于船舱之间的隔断十分结实，严丝合缝，海水仅会涌入一间船舱，而绝不会发生接连进水事故。实施这种应急措施之后，再慢慢堵住裂孔，把货物回归原处。（爱宕松男译）

我从中间二层的回廊，俯瞰了被划分成十三段的船体。关于那十三间舱室的奇特构造，好像马可·波罗其人就在背后越过我的肩头在一一说明一般。关于这一点，十三世纪威尼斯人的观察能力和表达能力让我深为感动。

松木教授对韩国木浦附近在新安海域海底发现的十三四世纪的商船（或为戎克船）也颇为关心。

韩国新安海域海底的沉船，货物虽然极为完好地保留了下来，但是船体只残存了下半部分。韩国学术界虽然有基于这下半部分完成整体复原的计划，但这种情况下就必须参考泉州海外交通史博物馆的出土海船。然而两国并没有建交①。

松木教授在月刊杂志《韩国文化》（1984年5月）中以《中世纪的商船》为题，发表了参观泉州出土船只的学术见解，想来这一定也是对韩国专业同行们的关照。

这篇论文中有许多重要之处，这里谨引用其中一部分。

> 前几年发现的泉州船只推测长约三十米左右，船内由十二道水密舱壁划分为十三间船舱，船底外板有两层，船侧有三层，与马可·波罗的记述相一致的程度让人怀疑马可·波罗是否就是看到了这艘十三世纪末的船只……
>
> 船内隔断舱壁的构造在中国从古代沿用至今，这种结构被认为是中国船只的一大特点。这种隔断舱壁在中国发明，其后传入欧洲，据说是现代钢铁船舶采用的标准构造的起源。用隔断舱壁将船体分为数段，因冲撞事故等外板破损时，可以把进水局限在破损的那一部分当中，提高船只的安全性，而且还有显著增强船体横向强度的优点。

---

① 本文作于1984年，中韩1992年建交。

中国船只的技术和美感，在明代以前是被公认的。然而后来因其拥有的独到之处过多，反而经常给人一种其产生只是为了满足文明内部自我完美的印象。然而一想到戎克船的隔断舱壁成为现代钢铁船中水密舱壁的源流，实在是让人心情愉快。

这份愉快，或许是我从其中大致感受到了相比工学性质的船体构造，先考虑安全的中国的传统思想。船，无论哪一艘都让人感受到了人格。特别是戎克船，可以说是中国人思想的具象化，而且其完成度也很高，正因如此，我才能够生动地感受到近代之前自我完美型的中国文明。

18 船锚漫谈

我自认为不是个好奇之人，但即便觉得是枯燥乏味之事，也常常有想要透过器物来嗅触其时代气息的冲动。本章节是关于船锚的漫谈。

——ikari①（碇，或作锚）是什么时候从石头、木头的变成铁器的呢？

我很早以前就想了解此事，然而至今也不甚了了。

过去我游览浙江省禹王庙时，庙内放置着上古时期的船碇②。的确是石字旁加定的碇，将一人高的花岗岩做成棒状，约有两人粗。顶部开孔，应该是穿绳所用。

当地人说："这是从这附近河中出土的古时候的船碇。"然而出土年代和船碇自身的年代依然不明。

---

① 船锚的日语发音。
② 或为绍兴大禹陵窆（biǎn）石，一说为下葬时用的工具或生殖崇拜的对象。

福建纪行

石井谦治先生是船舶史学家中的先驱，也是一位在职学者。其著作《日本的船》（东京创元社出版）是一本重点放在日本中世的名著，插图众多，其中也有从卷轴中选取的船舶图画。我从其插图中试着搜寻日本的船锚，但是难得一见。

终于在十三世纪的《蒙古袭来绘词》之中，看到一幅应该是武士们乘坐小船向元军大船发动攻击的绘画，在船头鲜明地画着船锚。虽然还不是铁器，但相比禹王庙里的船碇，它已经有结构了。

有关此事可以参考饭田嘉郎先生的《日本航海技术史》（原书房出版）。

有一本江户中期的书，叫《和汉船用集》。根据书中宝历十一年（1761）的自序，可知作者并非学者，而是大阪堂岛的市井小民，他叫金泽兼光，职业是船匠。

江户时期，船匠头儿的收入颇为丰厚。特别是金泽家，到兼光已是第七代，传承了两百多年，所以财力富足，技术知识也有一定的积累。而且金泽兼光即便作为学者也有足够通用的学识素养。此外，宝历年间也是江户时期科学主义风潮兴起的时期。他穷尽所学，写下了这本有关日本船只和中国船只的百科全书式著作。这本书不仅表述准确，而且时至今日读起来也数难得的是其中附有大量插图。这本书在昭和十九年，由住田正一编辑，严松堂印刷出版。

在这本《和汉船用集》中，有关于船锚的章节引用了《和名抄》，说"古似用捆石"，让人联想到禹王庙里的船碇。然而在江户时期仍有与十三世纪一样的石木船碇，书中对此进行了说明。改为现代文来说，就是"如今，使用石材的船碇，先将木碇这种弯曲的木材做一角叉，然后再在上面绑上石头"。

ikari也可作汉字"锚"。此字并非古来有之，而是在船锚成为铁器之后才有的写法。

铁制的船锚因为具有锚爪，所以让人联想到猫。中国最早也是把铁制的船锚称作"铁猫"或"铁锚"，后来两字合成了一字，即锚。《和汉船用集》中所写也不是"锚"，而是"铁猫"。

话题一转。从室町时代到德川幕府锁国期间，在京都繁荣昌盛的商家里有一位茶屋氏。其家在京都的小川通出水建有豪宅，自室町时期以来就经营绸缎生意，同时也是贸易商人。因其先祖是三河[①]人，关原合战[②]后德川家康权倾天下，茶屋氏受到了德川家康的信赖，被赐予了各种恩惠。德川家康时期的当家人是茶屋四郎次郎（第三代），他曾派遣朱印船[③]远赴交趾（越南的一部分）。这艘茶屋船驶入交趾的港口，留存下了被当地拖船群拖航的图画。这是一艘巨船。其船首绘有两只铁锚，于我而言实在是万分难得。茶屋四郎次郎派遣朱印船前往交趾是庆长十七年（1612），所以我们可以知道在十七世纪初叶，至少日本的大船上已经使用了铁锚。当然，铁锚在此之前就已经开始使用，只不过没有证据。

中国方面，则难以清楚。

四月八日，在我们入住的泉州华侨大厦一层的宽敞房间里，我

[①] 三河：日本旧藩国名，今爱知县东部地区。三河国武士为德川家康建立大业立下过汗马功劳。
[②] 关原合战：1600年，德川家康在关原地区战胜石田三成，是奠定德川氏统治基础的天下大战。
[③] 朱印船：始于丰臣秀吉时期，日本锁国之前，持有"异国渡海朱印状"，是官方许可从事海外贸易的船只，往来东南亚各地。

司马辽太郎中国游记

福建纪行

们同当地的相关文物工作者交流的时候，话题碰巧提到了近代以前的船只和航海，而且还谈到了船锚。

中方的某一位，提到了十三世纪的一个阿拉伯人（说过名字但可惜我忘记了）来到广州和泉州，绘制了中国船只的图画。据说画中已然画上了铁锚。我很想看一眼那本书（或画册），但是不知不觉间疏忽大意，没有再行询问。

就连高度评价中国历史上科学技术之发达的李约瑟教授，也认为中国的金属船锚比欧洲还要晚许久才出现。

据李约瑟教授所说，欧洲方面，公元前500年左右地中海的船锚（从许多金属货币上刻着的图形来看）就与现代船锚的外形基本一致（然而就算是古代欧洲，船锚整体也并非金属，只有锚爪是金属所制）。

这里顺便借用平凡社《世界大百科事典》中"船锚"条目的图片，展示一下欧洲式船锚的外形。

似乎是因为中国幅员辽阔，情况多样，即便十三世纪出现了铁锚，其他木材石材组合的船锚也不在少数，所以在广州和泉州并没有发现较多的铁锚。

实际上，元日战争也是在十三世纪，元军战舰所用的，也被认为主要是木石船锚。

第二次元军来袭的弘安之役[①]，来军主力江南军的兵船有三千五百艘，是海上的一大势力。其中在福建制造的船只也有很多。

[①] 弘安之役：日本弘安四年（1281），元朝发动第二次对日远征。元军在海上遇到台风，以失败告终。

但是也必须考虑到包括高丽军的兵船在内,绝大部分船只都是仓促建造而成。所以,可以认为船锚也应该是用木石制造的传统类型居多。

即便现在打捞博多湾的海底,也一定能找到大量沉没的元军战船的船锚。1940年博多港进行疏浚施工时,发现了其中之一,现今存放在福冈市筥崎八幡宫的院内。是一块呈枕木形、中部隆起的巨大石材。但也不能断言全部都是传统式的木石船锚。因为即便使用了铁制船锚,也一定被腐蚀得无影无踪了。

近代以前的铁锚外形,日本和中国相同。

日本方面,到江户时期大船都已经配备了铁锚。铁锚主要在大坂贩卖,这是因为当时船舶用品商店集中在大坂。大船配备八只铁锚,其中最大的称为首锚,据说有八十贯①之重。应该价值不菲。

中国有一本叫作《天工开物》的工艺百科全书。

此书成书于十七世纪,为明末宋应星(1587—1661或1666)所撰,由三卷十八部类构成。书中收录了大量插画,单是看插画就让人兴致盎然。

近代以前中国的知识阶层受到科举考试的影响,可以说一直埋首于古籍语言当中。其中,详细探究民间工艺产业技术的宋应星,可以说是奇迹般的人物。

然而宋应星并非超然世外。他是江西省人,乡试及第,供职于福建省汀州府衙。他作为官员受到百姓爱戴,据说还有供奉其肖像的村庄。他是个天生就好查证的人,其著作中收录的所有技术都曾

---

① 贯是重量单位,一贯约3.75千克,八十贯为300千克。

亲身考证。

明朝灭亡清朝建立后，偏重古典的封建文化愈发浓厚，这本可谓是向近现代过渡的重要萌芽的《天工开物》也被不屑一顾。反倒是经由长崎传入了江户时期的日本后，倍受珍重。上述的《和汉船用集》也受到了《天工开物》的强烈影响。在这本《天工开物》中，出现了船锚的制作。

我本以为中国的铁锚，是近代以前的中国所擅长的铸件，由这本书才意外获晓竟是锻造而成的。

中国的铁器，自古以来以铸造为主流。农具铁铲、铁锄自不必说，就连矛、青龙刀等兵器也多为铸件。铸件是把铁化成铁水灌注到模具中，因而能够大量生产。只是，把铁化作铁水需要高温，需要有与之相应的熔炉。中国在公元前就已经具备了这种熔炉。

日本的国产铁历史较短，最早也始于五六世纪。日本是从铁矿砂中冶铁，且不是铸铁，而是锻铁（熟铁）。欧洲也和日本一样，到十七八世纪谈到铁也不是铸铁，而是锻铁。这是因为没能开发出高温熔炉。

因为中国是伟大的铸铁帝国，我曾一直以为铁锚也是生铁铸造。

然而，其实是熟铁锻造的。恐怕是因为生铁铸造比较脆弱，并不适合用于船锚。

只是，像船锚这般庞然大物是怎样锤打锻造而成的？看到该书的我惊奇地瞪大了双眼。

书中有一张图片风箱炉内燃着火。台面上横放着烧红的船锚。围着一只船锚工作的，竟有十五人。二层建有踏板，单是在二层的就有七人，他们每人手握一根长链，从楼上吊起船锚，或放到砧台上，或使之在砧台上左右扭转。不过，一层的地板上也有负责移动船锚的人。就是那些手持棍棒的人，锚爪部分有两人，头部有两人，移动的时候，一定是楼上楼下齐心合力共同操作。

挥舞长柄铁锤的有三人。还有一个人从竹管中拿出粉状物撒。那是黏合剂。说是黏合剂其实也不足为道，不过是老墙土，只是必须要筛细做成粉状。

虽然说明顺序反了，但总而言之四只锚爪与锚身是分别锻造，再在砧台上反复捶打进行连接的。据该书所述，船锚是当时中国锻造的铁器中最大的器物。

华侨大厦一楼大厅举行的座谈会上，我询问了"近代以前福建省的产铁量有多少"。之所以这么问，是因为我记得明治以前日本曾从福建进口过铁材，被人们称作"福建铁"。因为何种目的进口，这种铁的性质如何，我对此一无所知。

令我感到不可思议的是，镰仓、室町时期以后的日本是铁的产量超越需求量的国家。既然如此，看来必须专门进口的"福建铁"定有其特殊之处。

"这个啊……"

中方人员中的某一位，嘴角露出了和气的微笑。

"日本史中的'福建铁'我不太清楚，但过去福建的产铁量非常丰富。主要是德化县、永春县、惠安县。"

接着又说："有铁矿石冶铁和铁矿砂冶铁两种，但后来以铁矿石为主。在这泉州的洛阳桥旁边有铁渣（冶铁后的渣滓）的遗址。

福建纪行

而且泉州还留存有供奉冶铁神的冶铸庙①。"

"是用铁矿石冶铁啊。"

"也用铁矿砂冶铁。"

如此一说,作为"福建铁"出口地的福建省才有了真实感。

日本说的"福建铁"是史料中的用语,然而只有一块实物被保存了下来。

现在保存在岛根县安来市的日立金属附属博物馆——和钢纪念馆。

虽然这座博物馆在研究能力方面十分杰出,但唯独这块"福建铁",似乎除来历之外详情不明。而且据说这块还是玉钢。

所谓玉钢,是把铁矿砂熔化成钢的原料,一般用于制作日本刀。

(是用作了日本刀的锻造吗?)我思考了一下。

《天工开物》由薮内清先生翻译,收进了"东洋文库"(平凡社出版)。其中《五金》篇里有涉及日本刀的一节。

> 凡倭夷刀剑有百炼精纯、置日光檐下则满室辉曜者。(中略)又名中国此钢为下乘云②。

所以,虽说是玉钢,却不能认为是为了制作日本刀而特意进口了"福建铁"。尤其是,如前所述室町时代是向明王朝大量出口日本刀的时代。估计少说也向大明出口了十万把以上。但是并不清楚大明拿日本刀用在了什么方面,至今在中国一把也没有发现。日本方面的制

---

① 或为今泉州铁炉庙。
② 本句出自《天工开物·下篇·五金·铁》,引文有所改动。

刀工匠也有粗制滥造品。这种刀用当时的话来说被称作"数打物"或"束刀"。为了制作这种粗劣的刀不可能使用出云、伯耆、因幡①的优质玉钢。或许可以推测是为了制作"数打物"才会进口"福建铁"。

但是,"福建铁"的记载并非出现在室町时期,而是在江户时期。江户时期,幕府禁止兵器出口。

考虑到这里,我终于想到了或许是为了制作船锚才进口廉价(？)的"福建铁"。

日本的江户时代,虽然仅限于国内,却是海运的一大兴盛时期。作为消耗品的船锚其需求量无穷无尽。虽说船锚要用熟铁制作,但使用为锻造日本刀的云州、伯州、因州的玉钢实在可惜,我想可能是这样才从福建进口玉钢。

泉州海外交通史博物馆的宋代出土海船,或许就配备了铁锚。因为如果是木石船锚的话,石材部分就应该出土了吧。

---

① 出云、伯耆、因幡：日本旧藩国名,今日本岛根县东北部、鸟取县中西部、鸟取县东部地区。同下文的云州、伯州、因州。

19 七百年前的山中先生

我们仍在泉州海外交通史博物馆。

我正在中间二层闲逛,一边打量着展览品,一边不时注视着楼下地板上铺设的出土海船。

之所以推断这艘船是"南宋末年"之物,是因为船中出土的古钱币。最早的是 1205 年,最晚不过 1274 年。

1205 年,日本正处于镰仓幕府时期,也是和歌诗人、将军源实朝[①]在世的时期。但 1274 年虽为镰仓幕府却是北条氏[②]掌权,当时,北条时宗[③]尚在世。而中国正处于南宋末期,横跨欧亚大陆的蒙古帝国准备占领中国全境。大汗忽必烈已经定中国国号为元[④]。

---

① 源实朝:1192—1219 年,镰仓幕府第三代将军,有《金槐和歌集》传世。
② 北条氏:指北条时政一族,源氏幕府的外戚,源赖朝死后开始掌握镰仓幕府实权。
③ 北条时宗:1251—1284 年,镰仓幕府第八代执权者,拒绝忽必烈建交纳贡等要求,抵抗蒙古入侵。
④ 元朝国号实际为大元。

日本这一年是文永十一年。元已经将高丽收于麾下，该年正月，元对这个树木稀少的半岛国家下达了为远征日本而造船的命令。

下令造船的数量，是大船三百、轻疾舟三百、汲水小舟三百，共九百艘，这对于在抗元战争中精疲力竭的高丽而言，等于是被判了死刑。然而，反抗又无计可施，高丽只得在全州道和罗州道的海边各山开始伐木突击施工。工程动员人数达三万五百人，其饭食也由高丽负担，当然建造费本身也由高丽承担。

"不能施恩宽限一些时日吗？"高丽不时向元哭诉，无奈元充耳不闻。元只是催赶工期。《高丽史》记载："疾如雷电，民甚苦之。"[1]

接下来，说船型方面。

中国的上等船舶是浙江、福建、广东等中国南方建造的船只，但是结实的船舶要很长工期才能建造而成。而现在元命令要在数月间建造完毕，高丽没有时间来建造现在在我们眼前陈设的这种船。

"那么，高丽式的船可以吗？"高丽询问。

元方面则宽宏大量地回答："好吧。"

真是愚蠢的话。蒙古人是马背上的民族。在他们的理解中，这次远征不过是由陆路南下朝鲜半岛，从那里稍稍渡水就是日本了。

这种"高丽式"船的构造，比几百年前日本的遣唐使船要好一些，但是和我们眼前的南宋泉州船相比，就像是用木板拼凑的盒子，正常的海员一定根本不会想坐。

总之，虽然同为十三世纪的船，文永十一年十一月二十日的早上，

---

[1] 引文出自朝鲜李朝郑麟趾撰《高丽史·第二十七卷》。

福建纪行

驶入博多湾的大舰队中的绝大多数都是这种高丽船只。并不像眼前这艘出土海船一样具备了十二块横隔舱壁（十三间船舱）构造这般牢固。只要有横隔舱壁，不仅可以抗击冲撞，即使进水也不会轻易沉没。

在博多湾登陆的元军采取了汉族式的集结阵形，而没有采取蒙古式，因为其中大部分都是汉族和高丽的兵卒。蒙古兵则策马督战、骑射。蒙古的箭，能飞二百多米，而包括日本在内的其他国家的弓箭，只有其一半左右的射程。这也是蒙古能够称霸世界的秘密之一。

而且他们在军事方面吸纳了汉族和阿拉伯的科学技术。比如他们拥有在铁器壳内填入火药，投掷到敌军阵中的新型武器。这些"手榴弹"在博多湾沿岸炸裂的时候，日本的战马惊惧不已。

而且，由于日本交战的方式是单枪匹马冲入敌阵，也就是所谓的个人作战，这令元军齐声大笑，他们一拥而上包围敌人展开厮杀。

但是元军也有弱点，即对于登陆作战一无所知。登陆战必须要在陆地上构筑桥头堡，然而元军并没有这样做，入夜后他们又撤回到湾内的战船上。也就是把战船当作城池。拿战船作为城池的话，起初就应该建造牢固的船只，但是如上文所述，实际情况并非如此。

结果，元军在博多湾沿岸的作战仅此一天。傍晚撤回到海上后，逆风骤起。而挤在湾内的大小舰船受到风浪颠簸，许多船只还在停泊中就破损沉没。陆地上的日军黎明后隔着松林眺望海面，发现元军的战船就像突然消失了一般都灰飞烟灭了。

对于这一现象，自古以来，人们称之为神风。这是多么奇异的现象。但是这一夜的风雨，实际上似乎并没有那么猛烈。

这是阴历十月二十日，换算成现在的阳历是十一月十九日，并不是台风季节。

有本名为《八幡愚童记（训）》的史料记载了这一事件。如果要给这本书挑毛病的话，那就是该书成书于室町时期，并非同为镰仓时代的事物。然而从其对文永年间第一次元军来袭生动精彩的记叙来看，让人不禁怀疑其使用了当时的史料。书中仅记载当夜降雨，并没有记载刮风。"时，泪随雨落，更湿衣袂。"真是十分舒缓的气象描写。

至少在陆地上，并没有感受到强风、飓风的印象。

元军方面在此前后的情况，我不是十分清楚。

元军的将领中，统军大将（都元帅）是蒙古人忽敦（也作忻都），副将（副元帅）有两人。其中之一的洪茶丘原本是高丽人，但其家从祖父一代开始就供职于蒙古朝廷，所以也可以说是归化了的蒙古人。另一位副将是从年轻时就在蒙古朝廷效命的山东汉人刘复亨。高丽军的将领（都督使）是金方庆。

根据《高丽史》记载，二十日的登陆第一战后，元军回到海上召开了军事会议。高丽军将领金方庆极力献策："兵法云，千里悬军，其锋不可当。我师虽少，已入敌境。请复战。"① 显然第一战大败日军。

但是，统军大将（忽敦）却消极起来。

"然兵法亦云，小敌之坚，大敌之擒。今我兵疲，策疲乏之兵，敌日滋之众，非完计也。不若回军。"②

如果这一记载真实的话，忽敦所言，应该早在制定远征日本方

---

① 引文出自《高丽史·第一百零四卷》，有改动。
② 引文出自《高丽史·第一百零四卷》，有改动。

福建纪行

案的时候就认识到了。元军虽然声势浩大,但是一旦登陆就是孤军深入,与日益增长的日军交战,兵力势必会日渐衰弱。

忽敦在接受命令的时候应该就明白这种事了。但是,他也难以反抗强大的忽必烈。所以,他大概是为了敷衍搪塞,登陆后就想草草了事。

结果,就选择了撤军。于是就有了那一夜的"大风雨"。

> 遂引兵还。会夜大风雨。战舰触岩崖多败,侁(注:金侁,高丽一将)堕水死。(《高丽史》)

这一时代,正常的海员根本不会在黑夜出海。然而,元军就这样做了。刚好此时刮起了风,各船在狭窄的博多湾里无法驾驶。所有船只相互冲撞,转眼间就破损覆没。与其说是因为"大风雨",或许不如说是因为舰队指挥轻率鲁莽。

加上高丽建造的船只过于粗滥,且缺少海军指挥官。船员中的六千七百人是没有发言权的高丽人,无论是航海还是驾驶他们都没有发言权,决定权都在陆军的各位将领手中。尤其是,掌握舰队进退命令权的是蒙古人忽敦,这对高丽的水手们而言无疑是雪上加霜。

据《高丽史》所述,元军和高丽军溺死、战死者达一万三千五百人。

其中表述虽为"战舰触岩崖多败",但日本方面的记录中没有触岩崖翻覆等描述。总而言之,舰队是想要驶离湾口时沉没的。

忽必烈仍然执着于征服日本。

——使用高丽船实为失策。这种判断在官方史料中并没有出现。但是忽必烈再次出征时却更换了船只和海员。被称作"江南军"的新军,是亡国南宋的汉人部队,人数号称十万。战船主要是浙江船、福建船,也就是所谓的上等船舶。数量也有骇人听闻的三千五百艘,不用说,水手也都是老手,特别是福建人应该不少。当然,高丽军与高丽的舰队也占了编队的一部分。

然而,第二次出征(弘安四年,即1281年)时,舰队的确是因为台风而全军覆灭了。

《元史·日本传》中记载"十万之众,得还者三人耳",实际上百分之七八十都是淹死的。

这一时期的战船基本都是新建的,由扬州、湖南、赣州(江西省),以及泉州负责建造。

这次远征日本,分两队人马。

第一队是东路军,也可以说是高丽军。主要由高丽兵和高丽船编成。战船和上次不同,是在庆尚道建造而成的。将领是上回文永之役的金方庆。

东路军从朝鲜半岛南端的合浦出发。上次也是一样,但这一回东路军不知为何,执着于对防守薄弱的对马、壹岐两岛发起猛烈进攻,杀掠平民百姓。虽说远征是元的命令,但是和岛上的这种杀虐和远征的目的没有任何联系,而且忽必烈下令严禁残害百姓。既没有战略性意义,也没有怨恨关系。这种全无必要的残暴行为,或许和主将金方庆的性格有关。

而在博多湾沿岸,日军吸取了上回的经验,改变了应战策略。日军在湾岸一带构筑石垒,指挥系统也井然有序。东路军并没有立即登陆,而是以湾头的志贺岛(毗连陆地)为根据地,在此停泊。

福建纪行

对此，日军使用了众多小艇昼夜袭扰，也从陆地上发动攻击。这一方法让东路军损失惨重。

可能因此东路军才拔锚撤离了博多湾，转向肥前鹰岛[①]，将其变为暂驻地。高丽军非常活跃，在志贺岛停泊期间，曾派出三百只战船向长门国（山口县）的室津进发。而日本方面因为在长门沿岸早有防备，所以击退了他们。从这支高丽舰队携带了锄、铲等农具来看，或许是想在登陆后占领此地作为长期据点。

第二队江南军的抵达比计划晚了半个月，六月下旬到来后与东路军会师一处，停在壹岐。当时正是台风季节。

在此期间，日军持续派出小艇进行攻击（主要是夜袭），使来军日益疲损。日本这边没有大船。本来，组建大船群并在海上抗击敌人才是防御的原则，但是日本面对海上来的巨船却采取了牛虻群攻的方法。这种战术比坐以待毙要好一些，不承想竟有效地阻击了元军登陆。也就是说，元军被困在了海上。

之后，是偶然拯救了日本。闰七月一日（阳历八月二十三日），从前一天起呼啸的大风在入夜后正式形成了台风，席卷海面。大舰队翻覆，江南军将领范文虎（汉人）等人所搭乘的船只沉没，他们抓住破木板漂了一昼夜，才被残存的坚船打捞起来。范文虎就这样抛弃了自己的同袍返回了故国。日本方面清扫残敌，将数千（也有说两三万）人集中杀死在那珂川[②]的河口。蒙古人、高丽人、汉人（这里指华北人）被统统斩杀，只放过了南宋人（长江河口及其以南的人），

[①] 肥前鹰岛：今长崎县松浦市鹰岛町。
[②] 那珂川：发源于佐贺县内，流经福冈平原向北注入博多湾的河流。

将其作为奴役。此事似乎有些微妙。

南宋亡国尚不多时，其遗臣、遗民等成为敌方元的俘虏，被强制编入日本远征军。也就是说他们值得同情，这也许是不杀他们的理由，再加上他们并没有参加上次的文永之役，也没有在对马、壹岐进行屠杀，这些理由也包含在内。

而且南宋人（再次重复，浙江省、福建省等）是元帝国治下南宋的遗民，被官府称为"蛮子"。被看作野蛮的蒙古人，把中国最富有文化气质地区的人民称作蛮子加以区别，让人感到滑稽。

这种事情当时的日本人应该也很清楚。因为当时南宋曾和镰仓时期的日本有着空前紧密的贸易关系，人员货物往来十分频繁。当时的日本人把南宋人当作名副其实的友人知己。这才是留他们一命的最大原因。

元军退去后，贸易又开始了。

在泉州的这座博物馆中间二层的展览品中，摆放着像是曾经属于某个日本人的货签。木签上写着"山中"，因为过去一直埋在海底，墨迹有所脱落。

这位"山中先生"恐怕是元军来犯之前，南宋还在苟延残喘之际来到泉州，经过买卖把货物装到这艘泉州船上，为了防止和他人的货物混淆这才标上了"山中"的货签。

实际上，这艘海船在装载货物时就沉没了。船上没有人，可能是因为人还在岸上而船正在停泊当中。这时海啸或台风席卷而来，船被打翻沉在海底。"山中先生"虽然丧失了货物，却保住了一命，我想或许他安全地回到了故国吧。

梦之厦门 20

四月八日下午两点三十五分，我们乘上小型巴士离开了泉州，前往南方的厦门。行程有一百零六公里。

Amoy。

和Hong Kong相同，这是当地的乡音，却已成为世界通用的地名。现在是普通话的时代，厦门在中国读作"Xia men"，这让外国人有些茫然不解。

Amoy作为停泊之地，被绝佳的地形所环绕。从北部的山岳地带南流入海的九龙江的河口构成了天然海湾，厦门岛坐落其间。

中国历史上，从古代到近世[1]以前一直忽视福建省的存在。进入明代，官员、学者或是名僧从这个省内辈出，然而真正让本省爆发出巨大力量的，是明代福建海盗的猖獗。可以说当时福建沿海都是

---

[1] 近世：日本史年代划分之一，一般指安土桃山至江户时代，大致为16世纪末至19世纪中期。

海盗的巢穴。

明是从十四世纪延续到十七世纪的王朝。明王朝除了初期的永乐帝时期以外,在整体上缺乏政治弹性,总给人一种老气横秋的印象。

世界在明朝的十四世纪到十七世纪期间,正在做向近代跨越的准备。欧洲正处于文艺复兴和大航海、大贸易时代的中心,充满了求知的好奇心。尽管宋、元时期中国就出现了与欧洲类似的征兆,但是在明代却没能继承下来,反而还做出了违背历史潮流的事情。比如带有明朝特色的"海禁"。明初(十四世纪末)朝廷颁布了锁国的法律,"寸板不许下海"[①]成为世代严守的法令,除了一定的朝贡贸易以外,禁止一切通商。此外,朝廷还特别列出了"不征之国"十五国(包含日本),还定下了严禁出口的商品。

这一时期,日本处于室町时代到德川初期。不仅是欧洲,就连日本也在这一时期构建起了现代社会的基础。政治、社会方面运动激烈,下层农民成为大小领主,每位大名、小名[②]都采取了"领国制",由领主负责照顾领地农民,可以说确立了日本史上最早的社会组织原则和方法。加上室町后期,农业生产力不断提高,非农业人口增加创造出艺术、艺能,而且形成了把日本全国各地联系在一起的商品经济,相比平安、镰仓时代,日本仿佛成了另外一个国家,精神与物质上的好奇心持续沸腾。

明之所以特地出台"通倭之禁",原因之一或许就是把日本的人心沸腾看作一种危险。去了那种国家一旦感染上"沸腾病",引

---

① 引文出自《明史·卷二百零五》,原文为"片板不许入海"。
② 大名、小名:日本古时封建制度对领主的称呼,根据领地多寡区分。

福建纪行

发经济、政治上的紊乱动荡,大明的人心也会惶惶不安。

然而世界大航海贸易的潮流已经来到了中国南部(福建、广东),而且福建人受阿拉伯人的影响,已经掌握了充分的航海贸易能力。海禁,给福建的沸腾盖上了盖子,这样当然就会喷出蒸汽。而这就是福建海盗。

宋、元时期,以福建和广东为根据地的大食(阿拉伯)海商被当地的人们称为"海獠",前文已经有所提及。明代的福建海盗其实是他们的接班人,实际上也是海商。当地民众就像过去称呼大食海商一样,把福建海盗(海商)的头目称作"海獠"。对于这些贸易家而言,实行海禁主义的王朝就是敌人,他们为防备官军水兵而武装起来。

明代延续不断的大患,是"北虏南倭"。北虏说的是元的残存势力蒙古高原的蒙古人,南倭主要就是福建海盗。倭(日本)位于东方,并不是南倭。南倭指的是倭寇和福建海盗,即盘踞福建省的这一庞大海上势力。

倭寇这一现象,是在元军来袭后随即诞生的。有观点认为这是边境暴民发起的对元军的复仇战,这个看法有足够令人信服的旁证。在元军远征日本以前并没有倭寇。

但是倭寇在元灭亡以后也没有平息,难以忍受的明朝太祖朱元璋(1328—1398)向当时处于南北朝时期的日本南朝征西将军府怀良亲王[①]派遣了使者,告之元的灭亡和明的新立,并要求其取缔倭寇

---

① 怀良亲王:1329—1383 年,日本南北朝时期(1336—1392)的日本皇族,担任征西将军。

的同时盛气凌人地命令日本"执臣礼朝贡"。然而,倭寇并没有平息。终于太祖以"出兵"相威吓,不过并非动真格,最终只是加强了沿海的防卫。

倭寇的目的不在于打仗和施暴,而是走私贸易。这种事情当然和奉行海禁主义的明朝国家政策相矛盾。至于明朝末年,倭寇规模变大,和海禁政策的矛盾愈发激烈,是因为福建海獠和倭寇走到了一处,即成了"南倭"。

明代的水手中甚至有人剃月代头①。

自称为"倭",还能吓唬防倭的官军。明代《洋防辑略》②中也记载:"嘉靖三十一年(1552),倭初犯漳(厦门附近)泉(泉州),仅二百人。其间真倭十之一。余皆闽浙通番(通外国)之徒。顶前剪发(剃月代头),椎髻(结发髻)向后以从之。"真正的日本海盗十人里只有一人,其他都是浙江省或福建省人,即假倭寇。

这一时期,虽然还是真倭主导,但到了明朝末年在福建一带,庞大的海獠发展起来反而把倭寇用作手下。

日本的松浦诸岛等地成为这些海獠的根据地。特别是平户岛的松浦氏(江户时期的俸禄为六万一千石),倭寇贸易几乎是其主要收入来源。藩主把海獠们当作客人让他们在岛内居住,卖给他们用作出口的日本商品,把他们带来的舶来品贩往日本全国。某一时期的加贺前田氏特意为了购买中国的陶瓷器,派遣称作"买物师"的

---

① 月代头:成年男子把头发从前额到头顶中部剃成半月形的日本发式。
② 《洋防辑略》:或为《洋防辑要》,为清代严如煜辑著,或为作者误。引文系出明代《天下郡国利病书》,《洋防辑要》有收录。

司马辽太郎中国游记

福建纪行

半商半官的差役驻扎在平户岛。

海獠中赫赫有名的,是安徽省人王直①(?—1557),至今在平户市市区高地上还留有其宅邸遗址(印山寺宅邸遗址)。海獠多由部下继任,但王直之后,是颜思齐上位。颜思齐是福建省泉州人。而同一时期还有一位不可思议的人物叫李旦,他和位于平户的英国商馆关系紧密,被平户人称作"甲必丹"(Captain),英国人则称他为"安德里·第提斯"(Andrea Dittis)。

颜思齐病死后,被众人推举继承其商权和船队的,是颜思齐的同乡福建人郑芝龙。

郑芝龙的家世并不十分清楚,有人认为是在泉州经营贸易的富庶人家。据说其年轻时调戏父亲的妾室,被发觉后离家出走,偶然逃到了停泊在泉州湾的荷兰船上。他搭乘这艘荷兰船来到平户,住在岛内海滨的内浦,迎娶了藩士田川氏的女儿,生下了福松(后来的郑成功)。其宅邸遗址至今仍留存在平户的内浦。郑芝龙不仅惹人喜爱且足智多谋,还从藩士花房权右卫门那里学习了吸取宫本武藏②流派的双刀剑法,功夫了得。郑芝龙如果有想法的话,或许走到将来也会成为平户藩士。

荷兰商馆也一定认为他是不可或缺的人才。在荷兰船去往中国经商(?)的途中,他被颜思齐所获。不仅如此,他的才干和气度得到了赏识,成为颜思齐的部下,再后来就成为继承人。

此时,明正受到崛起的女真族英雄爱新觉罗·努尔哈赤的压迫,

---

① 王直:一作汪直。嘉靖年间在东南沿海有强大的走私船队,自称徽王,招安后被杀,导致倭患再起。
② 宫本武藏:1584—1645年,江户初期剑客,二刀流创始人,普游历日本各地,决斗六十回无一败绩。

内部则流贼群起，已经是濒临灭亡的状态。

明为了用郑芝龙以毒攻毒，于是把他招安，授予他福建总兵的军职大权。结果海盗取缔了海盗。郑芝龙的一生，可以说是其特有的才干不断得到赏识的一生。

他为了让作为明朝大官之子的福松得到官僚教养，将他召来了泉州，不久福松就升入了南京太学。

回顾明史我所想到的，是欧洲人和福建、广东人进行大航海贸易，在改变世界史的同时振兴了国家，也感受到了与这一世界规模的经济活动相背而行，持续实施海禁的无力。历史没有假定，但如果明采取了其他政策，今日的中国也一定是其他样子。

明朝到了末期，其死板的海禁政策略有松缓。官府指定只有福建省南部的漳州（外港是厦门）可由本国人在此进行自由贸易。

而郑芝龙之所以会被明朝看好，也因他是这个"经济特区"的主事。朝廷从中收取了数成巨利。"南倭"也平息了，"南倭"是由海禁导致的现象，通过此事也可以得到证明。

但是，没过多久由于内乱北京沦陷，最后一个皇帝崇祯帝也自杀了。皇族流散四方，其中之一的唐王辗转来到福建。郑芝龙拥立他，尽管存在的时间极为短暂，但还是建立起了独立王国。

虽说如此，也无力对抗南下的清（女真族建立的少数民族王朝），唐王仅一战就溃败了。

清是通古斯民族，和汉民族的语言风俗不相同，其文化发达程度相较而言也赶不上汉族，但其历代统治者的政治能力要比任何时代的少数民族王朝都要卓越高明。

福建纪行

他们虽然是兼营粗放农业的狩猎民族，但却清晰地认识到南海海上势力的可怕之处。攻陷福州城后，就仔细打探缩在泉州城里的郑芝龙的为人和态势，暗中以官位相许。郑芝龙已经习惯了自己的价值被他人高看和向新的主公效命。这次也跟从自己的这种原则向清投降了。

但其妻田川氏不肯从命，责难丈夫不忠，在泉州城中愤愤而死。长子郑成功相比父亲更像母亲。他拒绝了清军阵营里父亲的再三招谕，以一介书生之身投笔从戎，率领父亲的旧部开展反清斗争。

清廷并不认可连儿子都无法招降的郑芝龙的利用价值，趁着他上岸后无能为力之机，将其抓缚，满门抄斩。

郑成功一心希望恢复明朝。他拥立流浪的皇族鲁王，以厦门岛和鼓浪屿为根据地成立了一大海上王国，把贸易范围扩展到了南洋。此外，他还组织起了十几万的陆上大军，逆长江而上连战连胜，终于包围了南京城。但是由于误信敌将哀诉而中计，郑成功战败逃回厦门。他的魅力，或许就在于其政治经验的缺失和书生意气。

最终厦门也没能保全，他把根据地转移到了台湾。当时荷兰的总督正在这里进行所谓的殖民地化。郑成功用几百艘大船搭载了两万五千名军士，登陆后把荷兰人围困了九个月，令其投降，在台南设立政府，把全岛划分设置为两个县。虽然是前代王朝，但这是中国正规行政组织首次进入台湾。只是郑成功在占据台湾后的次年就染病而死，年仅三十八岁。

就连他抵抗到最后的清朝，也把这位敌人作为前朝忠臣加以表彰，甚至赠予了谥号，并允许为其建庙。

江户时期的日本人也喜爱郑成功。近松门左卫门[①]创作了《国姓爷合战》,而且平户藩也妥善保存了他的故居和出生地,江户末期还在郑成功出生的千里滨前立了碑,碑文由藩内的鸿儒叶山铠轩撰写。

1962年,中国台湾当局将郑成功庙里的砂土送来了平户市,所以就在郑成功故居旁边的丸山的山顶上,借志愿者之手建立了庙宇。我在几年前爬过平户的丸山,注意到了这所庙宇。钢筋混凝土建筑,是一座让人莫名其妙的品位庸俗的庙宇。

下午四点二十分,小型巴士驶上了长2.21公里的大桥。这座桥的尽头就是厦门岛。

桥宽19米,并不是很高,或许有台风时波浪会翻越大桥。然而正因为桥面低,两侧海水近在咫尺,让人感觉像是在海面中间穿行。湾内海水如湖水般波澜不惊,远方陆地上的青枝绿叶朦胧缥缈,仿佛泅入肯特纸中的水彩颜色,浅浅淡淡。水面微微氤氲着水汽,戎克船的帆影悠然往来其间,宛如少女的梦境一般恬美。

为我们引路的一位中方人员是福建省文化厅的卢国松理事,他生在台湾,从台北高等商业学校毕业,之前已有提及。

"想死在能够望见台湾的地方。"说话的这位,已经是六十左右的年纪,他身材瘦小、结实,沉稳坚毅,不肯轻易发表意见,让我感觉像是遇见了战前的日本人。

靠近厦门,或许也就是靠近台湾,在助手台上的卢国松先生表情变得明朗起来,出人意表地拿起麦克风,清晰嘹亮地讲起话来。

[①] 近松门左卫门:1653—1724年,日本江户时期的净琉璃、歌舞伎剧作家,一生作品众多。

福建纪行

"马上就到厦门了。"讲话当然一本正经。

"厦门名胜有鼓浪屿。"

厦门在清初的三十年间是郑氏一族的领地,他们把此地命名为"思明州",思念明朝之州。现在我们觉得厦门这一地名有些洋味,是因为十九世纪中叶的南京条约里清朝向列强开放此地后,历史感被覆盖掉了。对岸,有名为 Kulangsu(鼓浪屿)的岛礁。这是郑成功最初占据的岛屿,在我们的地名感受中,它和 Yokohama、Kobe[①]语感相同,反映了一种十九世纪租界时代的华美。当时 Amoy 的洋人们把 Kulangsu 作为别墅区,时至今日这里还留有十八国各式风情的洋房。

卢国松先生还握着麦克风。

"月出鼓浪屿……"

这是歌曲。我猜应该是战前日本流行歌的一小节,只是我是个音痴,并不知道这首歌。

[①] 即现在的日本横滨、神户,分别于 1859 年、1867 年对外开港通商,曾作为外国人居留地。

21 厦门两天

住在厦门的一晚,我彻底懒惰了下来。

我们旁边有名为鼓浪屿的岛礁。过去这里是租界,领事们留下了具有各国特色的别墅式建筑,保存至今。但比起参观这些建筑,我更愿意选择舒适地泡在房间浴室的热水里。

而且在鼓浪屿上留下最早历史足迹的郑成功,其纪念馆也在厦门某地,实际上同行的陈舜臣先生已经前往了,但我选择了偷懒。

在这座城市中有厦门大学。我喜欢鲁迅。厦门大学是他四十多岁的某一时期的藏身之地。1926年,北京的段祺瑞政权镇压反政府分子时,鲁迅也出现在了逮捕名单中。他八月逃离北京,九月成为厦门大学的教授,然而三个月后就辞职了。以下是他在厦门大学时期的文章,品读之下,我感到鲁迅心中的战栗似乎传了过来。

　　记得还是去年躲在厦门岛上的时候,因为太讨人厌了,

福建纪行

> 终于得到"敬鬼神而远之"式的待遇,被供在图书馆楼上的一间屋子里。白天还有馆员,钉书匠,阅书的学生,夜九时后,一切星散,一所很大的洋楼里,除我以外没有别人。我沉静下去了。寂静浓到如酒,令人微醺。望后窗外骨立的乱山中许多白点,是丛冢。一粒深黄色火,是南普陀寺的琉璃灯。前面则海天微茫,黑絮一般的夜色简直似乎要扑到心坎里。我靠了石栏远眺,听得自己的心音,四远还仿佛有无量悲哀,苦恼,零落,死灭,都杂入这寂静中,使它变成药酒,加色,加味,加香。(《鲁迅评论集》竹内好译,岩波文库)

虽然想去看一眼令鲁迅感到悲哀、苦恼、零落的"图书馆楼上的一间屋子",但我选择了在沙发上睡懒觉。这种态度,鲁迅称之为"马马虎虎"。据说卧逝在病榻上的鲁迅,曾对他的好友内山完造[①]说过以下的话。

> 中国四亿民众其实都得了大病,病因就是之前讲过的"马马虎虎"。(内山完造注:这个马马虎虎是音译字,我想可能是模模糊糊)不医好这个病是不能救中国的。即使排斥了日本的全部,它那认真的精神这味药,还是不得不买的。此药以外别无他药。(内山完造著《思念鲁迅先生》)

[①] 内山完造:1885—1959 年,鲁迅先生挚友,汉名邬其山,1916 年至 1947 年一直住在中国,晚年从事中日友好工作,葬于上海万国公墓。

我以"模模糊糊"自居。

森浩一先生和松原正毅先生于次日早上我还在睡懒觉时，就去了拥有人类学博物馆的这所大学。"中午有安排。在南普陀寺吃素斋。"横川健先生提醒我。

上述的鲁迅的文章里，也出现了南普陀寺。

我去了一看，寺内人头攒动，像是庙会一样熙熙攘攘。虽说这座寺院在唐代就已经存在，但现在的建筑是1923年重建的（或许是华侨捐献），恰是我出生的那年。建筑没有想象中中国寺院特有的光彩夺目。

寺院内向上分为三层，在最高的那层上有一座八角形的楼阁。是大悲殿。金光灿灿的千手观音收纳在其内，在它前面有一位身材瘦小的老妇人。

"你是日本人吧。"她是个十分开朗的人。横川健先生为我做口译。

"您知道冈本老师吗，冈本要八郎老师？"

"冈本要八郎老师我不知道。话说起来，老婆婆您高寿啊？"

"七十三了，"说着她伸出指头，"我小时候跟着冈本要八郎老师念过书。老师是厦门旭瀛书院的院长。"

"您每天都来这里吗？"

"对，每天。"

她的笑脸和头顶的千手观音变得一个模样。信仰诚笃，就会这样。

划定寺内修行场所的，是一圈回廊。回廊外有一小楼，登上去，楼上是素斋食堂。

福建纪行

端盘子的不是和尚,是女服务员。说起和尚,我并没有看见和尚的身影。一定是像刚才老妇人一样的人作为外护①人或是志愿者在供奉正尊。

餐桌上,我与森浩一先生和松原正毅先生也会合了。

"厦门大学,可真是有趣啊。"

两位先生相继说着。说厦门大学的人类学教授因为火耕的少数民族畲族的事情这段时间非常忙。最近汉族人中有很多人向政府自称"其实我是畲族",据说有一万多人。政府难以判断真伪,所以把鉴别工作委托给了大学。

新中国成立以前,传统上中国的少数民族是被当成野蛮人受到轻视的。新中国成立以来,政府的指导思想是要抛弃汉族优越意识,并把少数民族看作兄弟民族,一直鼓励研究他们的历史文化。此外在行政方面,还给予他们汉族没有的特殊优待,比如,为了控制人口增长,政府提高了汉族的结婚年龄,但是没有对少数民族加以此种约束,反倒是欢迎他们增加人口。

这一方面,似乎是攸关中国存亡的基础问题之一,我有时私下认为少数民族问题就是国防问题(当然,这一点对苏联也是一样)。

中国有五十多个少数民族。

不过,关于汉族,我也一直认为原有的"汉族"已经不复存在了。

下面,我慢慢说给您听。

关于夏朝。夏是中国最古老的传说中的王朝,此事众所周知,

---

① 外护:佛教用语,指供给衣食的亲族眷属,二护之一。

中国人自古以来就把自己的文明称为"华"或"夏"。虽然还没有发现夏王朝的遗迹，但无论是在中国还是在日本（比如内藤湖南[①]）夏王朝的实际存在都没有受到质疑。

公元前1700年左右，殷灭亡夏，建立了殷王朝，殷对于夏就是"外族"。而殷的居住区周围，存在名为羌的与畜牧有关的野蛮（？）民族，这在卜辞等史物中也事实清晰。

灭亡了殷而建立起新王朝（公元前1100年左右）的周，明显是相较中原住在更加西北的草原上的羌族或其同类民族。周继承了毁灭的殷的文明，连文字也一脉相承。

汉族就是这样形成的。

还有一事贯穿中国历史，就是北方或东北方的马背民族通过武力入主"华"这一农业地带，建立中央或地方性的征服王朝。他们在征服后不久就失去了其固有的骑马能力，掌握了农耕文化，最终与汉族融合，这一过程不断重复。没有融入的只有十三世纪的元。

"入华则为华"，正是这种豁达磊落的感觉构成了中国文明的核心，即中国不是人种论而是文明论的国家。

然而，到了十二世纪，华北被乌拉尔·阿尔泰语系的金王朝占领，这一传统的感觉发生了异常变化。在被压制到南方的宋王朝的思想家中间，兴起了中国历史上最早的民族主义。朱子（1130—1200）所完成的宋学，把金这一"外族"当作"夷"，主张应该驱逐，提倡"尊王攘夷"。中国人的器量失去了古代的大度，可以说是从这

[①] 内藤湖南：1866—1934年，是日本近代中国学的重要学者。

一时期开始的。

但是，新中国拿回了这份器量，创造了"中华民族"这一大概念，把汉族也算作其中一员。

饭后，我们离开了厦门岛。

下午两点，在经过连接这个岛和大陆的海堤上的大桥时，我们请司机把小型巴士停了下来，再一次观赏了隐约可见的戎克船群。

全体中方人员虽然对我们如痴如醉的好奇心感到不解，但都耐心地陪着我们。在此我想举名致谢。首先是温文尔雅又为人聪敏的原中国人民解放军军人、熟练老道的司机林先生，和前面提到的出身台湾的卢国松先生，他们是我们同行的长老级人物。以及和卢先生同一单位，有些深沉但具有哲人风采的魏谋祐先生，还有来自北京的永不显老的邵维坚先生。邵先生给人一种像是上海人般的都市人感，总是为我们调和气氛。只是这位和陈舜臣夫妇一同去了北京，所以最后不在车上。

以及，我们的张和平。

还有一位，和上述的政府职员不同，是福州晚报的女记者宋京生小姐，也一直与我们同行。

她似乎是自己和上司交涉后加入到这个大团体中来的。她体形苗条，手臂腿脚格外修长，所以森浩一先生私下给她起了"奥利佛小姐"的外号。那是大力水手漫画中出场的波派的女友。说起来，连容貌也有些相似。

"奥利佛小姐"的第一魅力就是爱国，有着高昂饱满的行动力，心直口快，以及像欧洲人一样强烈的自我意识。因此她的正义感和同行的中方前辈们的正义感不时会有矛盾。

她真有个性，我私下里一直这么认为。个性，是在中国的少数民族之一的满族中可以看到的性格。满语和我们日语同属乌拉尔·阿尔泰语系，但现在可以说是死语言了。十七世纪爱新觉罗·努尔哈赤兴起，率领仅五六十万同族灭亡了大明，统治了数亿汉族，建立了最后的征服王朝。由于中国的近代革命辛亥革命的口号是"驱除鞑虏，恢复中华"，后来，许多满族混入了汉族之中，大概不会表明自己的身世血统。

某次，我问宋小姐："令尊从事何业？"回答似乎是中国人民解放军的退役军官，是山东人。

"我没猜中啊。"我说其实我猜是满族后，宋小姐一副绷紧的表情，说："我母亲是满族。"我放声大笑，然后作为老江湖教诲她："你像囊中之锥一样过于显露，虽然我想这是满族几乎共有的遗传性格，但锥子难以保身。"我把这话写下来，让她读后，用汉语小声说"多学学你汉族父亲"。她令我吃惊般顺从地点了点头。她那副样子很是可爱，我自鸣得意起来，说她真听我说的话。她说："因为你是老师啊。"好像是中国传统的敬老精神。说起来，对着年轻姑娘说教，可不是心胸豁达的人所有的气概。